Eine Witwe erinnert sich

Für Frau Opitz
Zur lieben Erinnerung
von Frau Thieme
    Leipzig, d. 11.10.2016

Brunhilde Thieme

Eine Witwe erinnert sich

Zufall oder Schicksal des Lebens

Engelsdorfer Verlag
Leipzig
2016

Bibliografische Information durch die
Deutsche Nationalbibliothek:
Die Deutsche Nationalbibliothek verzeichnet diese Publikation in
der Deutschen Nationalbibliografie; detaillierte bibliografische Daten
sind im Internet über http://dnb.dnb.de abrufbar.

ISBN 978-3-96008-427-3
Copyright (2016) Engelsdorfer Verlag

Alle Rechte bei der Autorin
Hergestellt in Leipzig, Germany (EU)
www.engelsdorfer-verlag.de

10,00 Euro (D)

Wie beginnt man das Schreiben eigener Erinnerungen des Lebens?

Was ist wichtig, was nicht? Konnte ich diese Fragen richtig beantworten?

Das Abenteuer meines Lebens in vielen seinen Facetten.

Die Lebenskurve, welche mal tief nach unten gerät, aber stets wieder emporsteigt.

Ich widme diese Zeilen allen, die Kraft brauchen und suchen – durch Willensstärke.

Kindheitserinnerungen

Ich wurde am 5. März 1952 geboren und war das zweite Kind meiner Eltern. Mein Bruder war knapp eineinhalb Jahre älter als ich.

Die Kindheit und einen großen Teil der Jugend verbrachte ich in meinem Geburtshaus in einem kleinen Ort in der Nähe von Leipzig in Waldsteinberg. Dieser Ortsteil von Brandis war weitgehend von Wald umgeben. Er stellte eine sogenannte Streusiedlung dar mit sehr wenigen Einwohnern. In der Nähe befand sich auch ein Berg, welcher sich Kohlenberg nannte. Das war immer unser Winterdomizil zum Rodeln. Ein kleiner Nebenfluss der Parthe floss mitten durch unseren Ort, genannt die Faule Parthe.

Von meinen Erinnerungen an die Kindheit sind leider nur noch Bruchstücke vorhanden. Unser Wohnhaus war einfach, klein und aus Holz, umgeben von einem über tausend Quadratmeter großen Garten. Es war alles sehr einfach eingerichtet in dieser Zeit.

Fließendes Wasser war noch unbekannt für uns. Im Garten war ein tiefer Brunnen, wo mittels einer Schwengelpumpe das Wasser nach oben gelangte. Das sehr eisenhaltige Wasser bedurfte eines Kiesfilters zum Reinigen. Erst durch das Filtern wurde es als Trinkwasser verwendbar. Regenwasser für vielfältige Zwecke wurde in Fässern aufgefangen.

Die Toilette, welche damals als Lokus oder Abort bezeichnet wurde, befand sich in den ersten Jahren in einem kleinen Verschlag im Hinterhof außerhalb des

Wohnhauses. Es gab keinerlei Kanalisation. Später wurde ein kleiner Anbau am Haus mit einer Jauchengrube und einem Plumpsklosett geschaffen. Die Gülle musste regelmäßig mit einer Jauchenkelle aus der Grube geschöpft werden. Dieses Abwasser kam auf die Beete und die Wiesen.

Ich entsinne mich, dass es damals auch keinerlei Toilettenpapier gab. Jegliches Einpackpapier oder Zeitungen wurden in kleine handliche Stücke gerissen oder geschnitten und so verwendet. Wenn man das heutzutage jungen Leuten erzählt, können sie sich so etwas absolut nicht vorstellen. Wie auch!

Im Haus gab es eine Wohnküche, eine gute Stube, ein Schlafzimmer, eine kleine Speisekammer, einen fast ebenerdigen Keller, einen Raum, welcher das Waschhaus darstellte, und einen Oberboden. Kinderzimmer kannten wir nicht. Mein Bruder und ich schliefen viele Jahre mit im elterlichen Schlafzimmer.

Von meinem Vater habe ich nur eine sehr blasse Erinnerung. An ein Erlebnis denke ich aber sofort, auch wenn es heute eine sicher total unbedeutende Sache darstellt, welche kaum jemand nachvollziehen kann. Es war damals für mich ein sehr einschneidendes Erlebnis im Alter von etwa fünf Jahren. Ich hatte einen kleinen Holzsteckmann gebastelt und lief nach hinten in den Hof, um ihn stolz meinem Vater zu zeigen, aber er war wütend, vielleicht sollte ich irgendetwas machen und hatte es verträumt. Er nahm diese Figur und warf sie in hohem Bogen in die Bäume des Nachbargrundstückes. Ich war tieftraurig. Das habe ich nie vergessen und verziehen.

Weitere Erinnerungen sind sehr vage. Ich weiß nur, dass ich am Tag des tödlichen Unfalls meines Vaters nicht weinen konnte. Wie kam es dazu? Unser Vater verunglückte 1960 bei einem Betriebsunfall im damaligen Spannbetonwerk Naunhof während der Arbeit mit Hochspannung. Ein Kranauto wollte auf dem Betriebsgelände unter einer Hochspannungsleitung zu einem anderen Arbeitsplatz fahren und zerriss das Hochspannungskabel beim Durchfahren. Es kam zu einem gewaltigen Stromschlag. Der Fahrer hatte die Höhe falsch eingeschätzt. Mein Vater und ein Kollege, beide arbeiteten an diesen Strommasten, wurden der tödlichen Hochspannung ausgesetzt. Es gab keinerlei Rettung. Ein dritter hatte Glück, der sprang rechtzeitig ab, da er nicht gebraucht wurde. Meine Mutter musste uns nun allein großziehen. Es war sicher eine sehr harte Zeit für sie, das wurde mir aber erst viel später bewusst.

In die Schule ging ich ganz gern. Ich war etwas neidisch auf die anderen, da sich viele schon durch den Kindergarten kannten. Ich hatte nie die Möglichkeit, in einen Kindergarten zu gehen, da es in unserem Ort so etwas noch nicht gab. Er wurde erst gebaut, woran mein Vater wohl auch mitgewirkt hatte. So hing ich am Rockzipfel meiner Mutter. Sie war nicht berufstätig. Das war damals so üblich. Die Frau hatte die Kinder großzuziehen und den Haushalt zu machen.

Später arbeitete meine Mutter als Aushilfe in unserem kleinen Konsum, der sich gleich in unserer Straße befand.

Außer unserem Garten um das Haus herum hatten wir ein Bodenreformlandstück, welches wir auch noch bearbeiteten. Das befand sich in der Nähe unseres Hausberges, dem Kohlenberg. Dort wurde für das Vieh, welches wir besaßen, Futter angebaut. Wir hatten unter anderem Hühner, Kaninchen, Ziegen, Schafe und Katzen.

Eine Begebenheit ungefähr im Alter von sieben Jahren hat mich besonders geprägt. Unser Ort lag wie schon erwähnt am Rand eines Waldes. Im Sommer fuhren wir oft mit den Fahrrädern durch diesen Wald bis zu einem Badesee. Das war damals gang und gäbe, ohne sich darüber Gedanken zu machen. Wir Kinder unseres Ortes waren daran gewöhnt.

Eines Tages fuhr ich wieder mit meinem Bruder zum Baden. Auf dem Rückweg stritten wir uns über irgendetwas, keine Ahnung, was es war. Mein Bruder hatte meine Badesachen bei sich auf dem Fahrrad, wütend verstreute er sie auf dem Waldweg und fuhr schneller nach Hause. Ich begann alles einzusammeln. Plötzlich hielt ein Mann neben mir und sprach mich an: „Zeig mir doch mal deine Lulli." (Das war die Bezeichnung des weiblichen Geschlechtsorgans eines Kindes.) Ich bekam riesige Angst und begann zu weinen. Er sprach wieder auf mich ein, aber ich sagte, ich mache es nicht, und heulte wie verrückt. Endlich ließ er ab und fuhr davon. Ich machte mich so schnell wie möglich auf den Weg nach Hause.

Ich glaube, ich erzählte es gar nicht sofort, sondern erst abends meiner Mutter. Aber sie zweifelte an der

Wahrheit, da ich oft fantasiereiche Dinge äußerte. Als ich immer wieder davon sprach, glaubte sie mir endlich. Viel später vermutete sie, dass es jemand von einer Familie in Waldsteinberg gewesen sein könnte.

In der heutigen Zeit wäre diese Begegnung wohl nicht so glimpflich abgelaufen, denn da werden kleine Kinder vielfach vergewaltigt oder schlimmer noch.

Mit meinem Bruder kam es sehr häufig zu Streitereien, wie so etwas unter Geschwistern üblich ist. Sicher war ich dabei auch ziemlich gnadenlos. So schlug er mir vor Wut einmal einen Stift mit einer Bleistiftmine neben das Schienenbein, die Narbe habe ich heute noch.

Ein viel größeres Missgeschick ereignete sich an irgendeinem Badetag. Ich habe absolut keine Ahnung, in welchem Alter ich da war. Ich bekam eins über die Nase, sodass das Nasenbein brach. Keiner achtete darauf, die Schmerzen gingen irgendwann vorbei.

Mir wurden diese Verletzung und ihr Ausmaß aber erst sehr viel später bewusst, da man ja als Kind nicht darauf achtet, wie die Nase aussieht. Vielleicht im Alter von elf Jahren oder noch etwas später wurde mir klar, dass sie verunstaltet war und ich eine Hakennase hatte. Sicher war das in der Zeit der Pubertät, denn da beginnt man ja seinen Körper zu erforschen. Ich war so schon keine Schönheit und nun erst recht nicht. Ich merkte, dass man auf mich schaute und sich lustig machte, teilweise nur still, aber auch mit Worten. Ich schluckte das jahrelang hinunter. Auch meiner Mutter vertraute ich mich nicht an. Ich wuchs mit Minderwertigkeitskomplexen auf. Einen richtigen Freund in der Schulzeit hatte ich dadurch nie.

Spielkameraden schon, alle aus unserem Ort. Wir trafen uns oft auf unserer Wiese am Konsumladen und spielten dort sehr häufig Völkerball oder erkundeten unsere Gegend. So war unser Hausberg mit seinen Steinbrüchen ein wahres Domizil unserer Abenteuerlust. Dort befanden sich zwei Steinbrüche, der Ostbruch, von uns immer als Alter Steinbruch bezeichnet, und der Westbruch, der Neue Steinbruch, in denen früher Granitporphyr abgebaut wurde. Erste Erschließungen des Ostbruches sollen schon 1919 gewesen sein. Diese Brüche waren für uns ein interessantes Kletterparadies. Der sogenannte Ostbruch war der gefährlichere. Aber wir als Kinder erforschten dieses Gebiet gern. Es hieß, dass in den letzten Kriegstagen des Zweiten Weltkriegs oder danach Munitionssprengungen im Bruch durchgeführt worden seien. Auf der Suche nach Schätzen entdeckten wir leere Patronenhülsen und waren stolz auf unsere Funde.

Unschöne Dinge der Schulzeit merkt man sich wohl am besten. Ich entsinne mich, dass in meiner Klasse eine Mitschülerin war, die Haarausfall hatte und eine Perücke tragen musste. Dadurch war sie sicher auch sehr bescheiden dran. Sie nahm es allerdings mit der Ehrlichkeit gar nicht genau.

Ich hatte von meiner Mutter zum zehnten Geburtstag ein neues Kopftuch aus Dederon bekommen, welches ich liebte. Das war damals so üblich, wir

Mädchen gingen bei schlechtem Wetter mit Kopftuch. Nach geraumer Zeit vermisste ich es. Wo war es abgeblieben? Irgendwann entdeckte ich es auf dem Kopf meiner Mitschülerin, sie hatte es gestohlen. Ich erzählte es zu Hause meiner Mutter. Sie setzte sich mit der Mutter dieser Schülerin in Verbindung und forderte es wieder ein. Darüber war ich sehr glücklich.

Ich hatte auch eine Klassenkameradin, welche im Ort zu einer etwas besseren Gesellschaft gehörte, da ihr Vater eine kleine Buchdruckerei in Leipzig besaß. Mit ihr gab es ebenfalls ein unschönes Vorkommnis, an das ich mich erinnere. Ich denke, es war in der fünften Klasse. Sie erzählte meiner Mutter, dass wir am kommenden Tag Schulausfall hätten. Ich ging natürlich nicht in die Schule und bekam ziemlichen Ärger mit meinem Klassenlehrer. Es stellte sich heraus, dass es eine Lüge war. Wir hatten Schule. Meine Mutter klärte das in der Schulleitung und die Schulkameradin bekam eine Strafe.

Unsere Mutter legte großen Wert darauf, uns zur Ehrlichkeit zu erziehen. Das fand ich sehr gut. Wir wurden sprichwörtlich schon in der Wiege mit Ehrlichkeit gepudert.

Wir beide, mein Bruder und ich als Halbwaisen durch den tödlichen Unfall unseres Vaters, hatten die Möglichkeit, trotz Zehn-Klassen-Schulpflicht mit der achten Klasse die Schule zu beenden. Darüber wurde zu Hause beratschlagt.

Für Jungs war es allemal wichtig, zehn Jahre in die Schule zu gehen, damit sie einen ordentlichen Beruf erlernten. Ich bat meine Mutter, mich ebenfalls in der Schule zu lassen, ich wollte auch gern einen Abschluss der zehnten Klasse besitzen. Meine Mutter gestattete es mir.

Ich ging überaus gern in die Schule, besonders der Klassenlehrer meines Bruders, bei dem wir Physik hatten, trug dazu bei. Ich mochte ihn sehr, wegen ihm lernte ich wie verrückt Physik und machte darin eine Hauptprüfung. Vielleicht war er auch ein gedanklicher Vaterersatz für mich geworden, ich habe keine Ahnung.

Organisiert in den Jungen Pionieren und später in der FDJ, der Freien Deutschen Jugend, waren wir beide, mein Bruder und ich. Meine Mutter war sogar Mitglied der SED und erzog uns auch in diesem Sinne, ohne irgendwelche Bösartigkeiten dahinter zu sehen. Sie erzählte, es sei nach Kriegsschluss wichtig, um eine Arbeit erhalten zu können.

Da wir keinerlei Verwandte im sogenannten Westen hatten, wuchsen wir im Sinne der DDR auf. Klar, manches interessierte uns schon, aber in unserem kleinen Ort Waldsteinberg und meinem Schulort Beucha waren die westlichen Dinge noch nicht das Primäre.

Die von mir bereits erwähnte Schulfreundin mit dem Vater als Firmenbesitzer hatte Verbindungen mit dem sogenannten Klassenfeind. Die Familie bekam regelmäßig Westpakete mit Kaugummi, Petticoats (modische Schaumgummiunterröcke), Schokolade, Kaffee und was weiß ich noch alles. Auch Medikamente waren dabei. Meine Mutter legte mir besonders ans Herz, dass ich von der Schulkameradin auf gar keinen Fall irgendwelche Tabletten nehmen solle, weil das sehr gefährlich sei. Daran hielt ich mich absolut.

Jahre später gab es die Contergan-Missgeburten durch Medikamente, die aus Westdeutschland stammten.

Die organisierte Freizeit in der Schule machte mir Spaß. Ich war in verschiedenen Arbeitsgemeinschaften tätig. So war ich zum Beispiel beim Handball, im Chor und im Kaninchenzüchterverein. Wegen der Sportprüfung in der zehnten Klasse war ich irgendwann auch im Geräteturnen. In den Sommerferien beteiligte ich mich am Kanu-Sportverein. Die Teilnahme an diesen Vereinen war kostenlos. Wir waren im Sport im DTSB organisiert und hatten nur einen sehr geringen Monatsbeitrag zu zahlen, ich glaube, es waren 25 Pfennige.

So verging die Schulzeit und ich beendete die zehnte Klasse mit einem recht ordentlichen Ergebnis.

Nun galt es, einen Beruf zu erlernen. Die Suche begann natürlich schon in der neunten Klasse. Ich hatte nur vage Vorstellungen, was ich erlernen wollte. Mit unserem Klassenlehrer führten wir verschiedene Exkursionen in den kleinen Betrieben in Beucha durch, um eventuell den richtigen Berufswunsch herauszufinden. Das war für uns interessant. Mal interessierte mich Pelznäherin, dann Zootierpfleger, die LPG, Krankenschwester und am Schluss blieb der Wunsch, den Beruf einer Verkäuferin zu erlernen.

Jugenderinnerungen

Durch die Verkaufstätigkeit meiner Mutter in unserem kleinen Ortskonsum war ihr die Verwaltungsstelle der Konsumgenossenschaft Brandis im Nachbarort bekannt. Wir kamen überein, dass ich mich dort als Lehrling Fachverkäufer für Schuh- und Lederwaren bewerben würde.

Am 1. September 1968 begann meine Lehre. Diese umfasste eine Lehrzeit von zwei Jahren. An einer Lehre im Lebensmittelhandel hatte ich kein Interesse. Die praktische Ausbildung fand zu Beginn größtenteils in zwei Verkaufsstellen in Brandis statt. Das waren das Schuhwaren- und das Lederwarengeschäft.

Die Lehrzeit machte mir sehr viel Spaß, besonders auch die Berufsschulzeit. Die Schule befand sich in Leipzig. Dort war natürlich alles ganz anders. Ich fuhr an den Berufsschultagen von Waldsteinberg nach Leipzig. Zuerst musste ich mit dem Fahrrad ein ganzes Stück bis zum Bahnhof des Nachbarortes zum Haltepunkt Beucha Ost fahren. Dann ging es mit dem Zug nach Leipzig zum Hauptbahnhof und weiter mit der Straßenbahn bis zur Berufsschule.

Leipzig, die Großstadt. In der Klasse gab es viele aus dieser mir noch unbekannten Stadt. Es klaffte eine ziemliche Lücke in allem zwischen uns ländlichen Lehrlingen und den Städtern. Die Stadtmädchen waren ganz anders als wir. Wir waren folgsam, doch die Städter machten manchmal ganz anderes in der

Unterrichtsstunde, zum Beispiel malten sie sich mit Schminke die Gesichter an. Das hätten wir uns nicht getraut, so etwas kannten wir gar nicht.

Zu Hause bereitete ich ziemliche Probleme, da ich absolut nicht mithalf und eine recht miese Einstellung zu vielen Sachen hatte. Ich war im wahrsten Sinn des Wortes faul. Heute sehe ich das alles mit anderen Augen.

Mein hässliches Aussehen setzte mir ständig zu. Ich hatte diese Hakennase und wurde überall verlacht, ob es in der Berufsschule war oder in der Straßenbahn. Überall richteten sich stark belustigende Blicke auf mich. Meine Mutter wusste davon gar nichts. Ich sagte es ihr auch nicht. Sie selbst übersah, dass ich mich darüber total grämte. Ich musste allein damit fertigwerden.

Mein jugendliches Leben war davon geprägt. Minderwertigkeitskomplexe, Angst, Schüchternheit. Keine richtigen Schulfreunde, denn wer wollte schon mit so einer Hexe befreundet sein. Ich schluckte das viele Jahre und legte meine ganze Kraft in das Lernen.

Während der Lehrzeit gab es keine wesentlichen anderen hervortretenden Ereignisse. Ich lernte eisern und hatte mir vorgenommen, nach der Lehrzeit ein Studium an einer Fachschule zu absolvieren. Geplant war, Betriebsökonomie zu studieren.

An den Wochenenden und in den Ferien verbrachten wir Jugendlichen aus Waldsteinberg viel Zeit mit Jugendlichen aus Leipzig, deren Eltern in unserem

Ort eine Datsche besaßen. Das waren für uns die „Neureichen" aus Leipzig, meist Kinder von selbstständigen Handwerksmeistern.

Dazu gesellten sich zwei Brüder aus Leipzig, die mit den Fahrrädern zum Baden kamen und etwas älter waren. Dem einen gelang es, sich derart in unser Haus einzunisten, indem er meine Mutter, meinen Bruder und mich umgarnte. Da er Maurer war, versprach er den Himmel auf Erden. Er wollte alles reparieren und bauen, was in den Jahren, als meine Mutter allein war, nicht gemacht werden konnte.

Es kam so weit, dass er bei uns einzog und das Sagen hatte. Da ich ziemlich sauer und sicher auch eifersüchtig war, wurde mein Verhalten noch schlimmer. Mir wurde durch diesen Mann der Umgang mit den Kumpels verboten. Bei irgendwelchen Streitigkeiten wurde ich von ihm geschlagen. Ich kann mich erinnern, dass ich mit einer Anzeige bei der Polizei gedroht habe, meine Mutter mich aber bedrängte, es nicht zu tun.

Irgendwann kündigte er mir an, dass ich mein Elternhaus verwirkt hätte und herausfliege. Meine Mutter hatte sowieso nichts mehr zu sagen und mit meinem Bruder war ich in jener Zeit auch entzweit. Im späten Frühjahr 1970 musste ich von zu Hause ausziehen. Ich war noch Lehrling im dritten Lehrhalbjahr und bekam nur Lehrlingsentgelt.

Die Stafflung meines Lehrlingsentgeltes war in den Jahren von 1968 bis 1970 folgendermaßen: 1. Halbjahr 70 MDN (Mark der Deutschen Notenbank), 2.

Halbjahr 80 MDN, 3. Halbjahr 90 MDN und 4. Halbjahr 105 MDN.

Ich bat um Hilfe bei der Abteilung Jugendhilfe, die ihren Sitz in Brandis hatte. Diese Stelle kümmerte sich in der DDR-Zeit um Problemfälle und half, wo sie nur konnte. Ich bekam eine Wohnungszuweisung und zog in eine alte Villa unseres Ortes, wo mehrere Familien wohnten. Diese Familien waren untereinander verwandt. Dort erhielt ich zwei kleine Räume und eine winzige Kammer, die ich zur Küche umfunktionierte.

Ich erinnere mich, dass die Beleuchtung fast überall nicht in Ordnung war. Fließendes Wasser gab es im Haus auch nicht. Das war ich aber gewohnt, da in meinem Geburtshaus so etwas auch noch nicht vorhanden war. Hinter dem Haus im Garten befand sich eine Wasserpumpe (Schwengelpumpe), die ich betätigen musste, um Wasser in einen Eimer zu bekommen. Dieses Wasser konnte man aber auch hier nicht sofort verwerten, es war ebenfalls stark eisenhaltig. Das Wasser musste erst durch einen Filter geschüttet werden. Diesen musste ich mir auch noch beschaffen. Der Filtersand musste regelmäßig mit Wasser gereinigt werden.

Ich besaß in einem Raum einen Berliner Ofen, alle anderen waren nicht beheizbar. Etwa fünfzig Meter vom Haus entfernt befand sich ein alter Schuppen, wo ich Kohle und Holz aufbewahren konnte.

Möbel hatte ich fast gar keine. Geld war sowieso ein Fremdwort für mich. Ich konnte mir einige kleine Dinge von zu Hause mitnehmen. Zum Glück gab es in dieser Wohnung in einem der Zimmer Einbauschränke, so konnte ich wenigstens ein paar Sachen verstauen und musste sie nicht auf den Fußboden legen. An die Schlafgelegenheit kann ich mich nicht recht erinnern, aber ich glaube, ich bekam ein altes Sofa mit.

Da ich im Konsum lernte, erhielt ich einen Teilzahlungskredit. So konnte ich mir ein paar wichtige Dinge auf Ratenzahlung kaufen. An zwei Sessel und eine Stehlampe kann ich mich erinnern. Einen kleinen alten Holztisch, der ehemals meinen Großeltern gehörte, konnte ich von zu Hause mitnehmen. Dieser steht heute noch in meinem Wohnzimmer.

Da im Wohnraum eine Steckdose intakt war, gelang es mir, mittels der Stehlampe Licht zu erhalten. Denn für irgendwelche Reparaturen oder eine Deckenlampe hatte ich keinerlei Geld. Einen Fernsehapparat besaß ich nicht, nur ein kleines altes Kofferradio.

Meiner Mutter wurde durch den Herrn, der sich in unser Haus eingenistet hatte, der Umgang mit mir verboten. Sie arbeitete damals in unserem Ort als Reinigungskraft in einem Kinderheim, das sich „Starenhof" nannte. Einige Male besuchte sie mich heimlich. Sie half mir auch beim Umzug mit dem Transport meiner Nähmaschine. Über diesen Besitz war ich sehr stolz. Das war ein Erbstück von meiner Oma, welches ich heute noch besitze. Sie leistete mir über Jahre gute Dienste.

Meine Mutter wurde von diesem Untermieter jahrelang total unterdrückt. Er begann sie zu schlagen. Sie erlitt einige Oberschenkelhalsbrüche. Ich denke, die Ursachen dafür lagen auch bei diesem Mann.

Meine Lehre war mir sehr wichtig, ich lernte eisern und bemühte mich, die Facharbeiterprüfung so gut wie möglich zu bestehen.

Ein riesiges Dilemma kam aber auf mich zu. Ich musste damals zur Facharbeiterprüfung eine schriftliche Hausarbeit über ein Fachgebiet der Schuh- und Lederwarenkunde schreiben. Ich kann mich erinnern, dass es um Lederaustauschstoffe ging, das war damals etwas Brandaktuelles.

Als ich mit dem Schreiben dieser Abschlussarbeit begann, wohnte ich noch zu Hause, also im mit Problemen behafteten Elternhaus, und vergaß als Quelle ein Fachbuch anzugeben. Die Ausbilder sprachen mit mir und legten dar, dass das Betrug sei. Ich schilderte ihnen meine häusliche Situation, dass ich kurz vor dem Auszug stünde. Man erlaubte mir, die Quelle zu ergänzen. So konnte ich meine Facharbeiterprüfung als Fachverkäuferin für Schuh- und Lederwaren mit „Sehr gut" abschließen, allerdings hätte ich die Lehrzeit ohne dieses Missgeschick „mit Auszeichnung" bestanden.

Die Zeiten nach dem Rauswurf aus meinem Elternhaus waren für mich natürlich als Lehrling finanziell sehr schwierig. Von meiner Mutter bekam ich in dieser Zeit keinen Pfennig. Kleidung kaufte ich mir, wenn ich sie benötigte, nur in einem Gebrauchtwarenladen für ganz wenig Geld. Ich hatte zu hungern gelernt, denn das Geld reichte manchmal nur für trockenes Brot. In der Zeit war ich meiner Tante im Nachbarort Brandis sehr dankbar, denn sie gab mir, wenn ich sie besuchte, Obst mit. Ich lebte manchen Tag nur von Birnen und trockenem Brot.

Die Kosten für die Fahrkarten zur Berufsschule, Miete, Versicherung und Heizkosten mussten bezahlt werden, das alles nur vom Lehrlingsentgelt. Wenn ich mich recht erinnere, musste ich monatlich 25 MDN Miete bezahlen. Das war schon ein sehr hartes, aber lehrreiches Leben.

In dieser Zeit änderte sich die Struktur der Konsumgenossenschaft, so gehörte die Konsumgenossenschaft (KG) Brandis zur KG Kreis Wurzen. Damit veränderten sich auch meine Lehrorte. Ich wurde in den Orten Brandis, Beucha und in Wurzen als Fachverkäuferin für Schuh- und Lederwaren ausgebildet. Ich fuhr mit dem Fahrrad in die Nachbarorte oder mit dem Zug nach Wurzen, dadurch erhöhten sich meine Geldausgaben wieder.

Bevor es zu dem Wohnungsauszug kam, hatte ich geplant, ein Fachschuldirektstudium auf dem Gebiet Betriebsökonomie zu beginnen, welches drei Jahre umfassen würde. Durch den Auszug aus meinem Elternhaus war das für mich finanziell nicht mehr möglich. Ich war zwar zum Aufnahmegespräch an dieser Fachschule, aber ich musste das Studium infolge des Geldmangels absagen.

Die damalige Kaderleiterin (heute Personalleiter) der Konsumgenossenschaft Kreis Wurzen half mir, eine andere Lösung zu finden. Sie schlug mir vor, ein Fernstudium aufzunehmen, und bot mir an, gleich nach der Lehrzeit ein vierjähriges Fernstudium an der Fachschule für Ökonompädagogen in Aschersleben zu beginnen.

Ökonompädagogen waren Lehrmeister in der Berufspraxis des Einzelhandels, das gibt es in dieser Art heutzutage nicht mehr. Da ich unbedingt studieren wollte, sagte ich zu.

Fernstudium bedeutete, dass ich als Fachverkäuferin täglich arbeiten ging, wie alle anderen auch. Freitag und Sonnabend waren Seminartage der Fachschule für Ökonompädagogen in Aschersleben. Diese Seminartage fanden aber nicht in Aschersleben, sondern an der Betriebsakademie für Konsumgüterbinnenhandel in Leipzig statt. Alles andere für das Studium musste allein zu Hause in der Freizeit bewältigt werden. So erhielt ich nach meiner Lehrzeit monatlich mein Gehalt, konnte notwendige Ausgaben bezahlen und nebenbei studieren.

Durch mein hässliches Aussehen hatte ich kaum die Möglichkeit, einen Mann kennenzulernen. Einen richtigen Freund hatte ich weder in der Lehrzeit noch in den ersten Jahren meines Studiums. Ab und an lernte ich kurz jemanden kennen. Sex kam aber zur damaligen Zeit für mich nicht infrage. Es war generell nicht so üblich, gleich solche Beziehungen zu beginnen. Ich hatte viel zu viel Angst, ein Kind zu bekommen, denn ich wollte mir dadurch nicht die Zukunft verbauen.

Mein großer Traum – irgendwann wollte ich mir die Nase richten lassen – bestand immer noch. Ich hörte damals von kosmetischen Operationen in Tallwitz bei Wurzen. Das war etwas völlig Neues in dieser Zeit. Aber es war für mich finanziell noch ferne Zukunft.

So stürzte ich mich mit Leib und Seele in das Fachschulfernstudium. Für mich wurde das Lernen das Wichtigste auf der Welt.

Ab Januar 1972 erfuhr mein Leben wieder eine Veränderung. Ab diesem Zeitraum war ich nicht mehr in der Konsumgenossenschaft Kreis Wurzen tätig. Ich begann eine Tätigkeit als Lehrausbilder in der Konsumgenossenschaft Kreis Leipzig. Das entsprach wesentlich besser meinen Studienbedingungen. Diese Arbeitsstelle vermittelten mir Kommilitonen aus meiner Seminargruppe in Leipzig.

Ich erhielt ein monatliches Grundgehalt von 480 Mark der DDR. Es war zwar kein üppiges Gehalt, aber ich war sehr zufrieden damit. Als Fachverkäuferin in der KG Kreis Wurzen hatte ich monatlich nur 370 Mark verdient. Diese Veränderung war für mich schon eine große Errungenschaft.

Ich gab berufspraktischen Unterricht. Das bedeutete, dass ich bestimmte Lehrlingsklassen, welche den Beruf Fachverkäufer erlernen wollten, in berufsspezifischen Fachkenntnissen unterrichtete. So zum Beispiel die warenkundlichen Fachkenntnisse für einen Fachverkäufer Schuh- und Lederwaren. Diesen Beruf hatte ich ja vorher selbst erlernt. Ich arbeitete mich ebenfalls in die Warenkunde des Fachverkäufers für Industriewaren und Textilbekleidung ein und begann den Lehrlingen auch diese warenkundlichen Kenntnisse theoretisch und praktisch in den jeweiligen Lehrverkaufsstellen zu vermitteln.

Irgendwann im Jahr 1973 bekam ich wieder einen besseren Kontakt zu meiner Mutter und konnte sie ab und zu besuchen. Die Besuche bei meiner Mutter in meinem Geburtshaus blieben aber immer nur Besuche! Ich fühlte mich dort ein Leben lang nur als Gast.

Im Haus meiner Mutter hatte ich immer Angst, dass der Mann, der dort wohnte, mich wieder schlagen würde. Ich wusste, meine Mutter wurde von ihm nach wie vor mies behandelt. Auch später, wenn ich dort zu Besuch war, herrschte immer eine gefährliche Spannung zwischen ihm und mir.

Schicksalhafte Begegnung

Im Jahr 1973, ich war im dritten Studienjahr, hatte ich mir in den Kopf gesetzt, vielleicht doch einen Freund kennenzulernen. So schrieb ich eine Anzeige in der Tageszeitung und bekam eine Antwort. In dem Brief, den ich erhielt, war auch ein Foto dabei. Ich bekam sofort Komplexe, denn es war ein wirklich hübscher junger Mann. Sollte er tatsächlich Interesse an mir haben?

Wir machten per Brief ein Treffen aus. Er war aus Leipzig und wollte mit dem Zug zu mir kommen. Ich wohnte immer noch in dieser alten Villa in Waldsteinberg. Am Ortseingang zum Nachbarort Kleinsteinberg war die Bahnstation Beucha Ost. Dort würde er ankommen.

Der Tag war gekommen, an dem ich mich mit dem jungen Mann am Bahnhof treffen sollte. Durch das Foto wusste ich, wie er aussah, aber umgekehrt war das nicht der Fall. Ich hatte ihm bewusst kein Foto übermittelt.

Der Zug kam. Ich stand mit einigen anderen Leuten am Bahnsteig. Er stieg aus, ich hatte riesige Beklemmungen und traute mich nicht, ihn anzusprechen. Ich lief weg, aber ich kehrte nicht sofort in meine Wohnung zurück, sondern lief zu meiner Mutter, um ihr davon zu erzählen. Nun war unser Ort so aufgebaut, dass man zum Haus meiner Mutter auf zwei verschiedenen Straßen gelangen konnte. Man muss sich das wie einen großen Kreis vorstellen, an dessen Halbkreispunkt die Straße zu meiner Mutter begann.

Ich lief die zirka zwei Kilometer zu Fuß in eine der Richtungen zum Haus meiner Mutter und blieb eine ganze Zeit dort. Irgendwann entschloss ich mich, nach Hause zu gehen, da musste ich die andere Wegstrecke Richtung Bahnhof Beucha Ost nehmen.

Hier spielte mir der Zufall oder das Schicksal einen für mein späteres Leben prägenden Streich. Als ich so in Gedanken nach Hause ging, lief mir der junge Mann von der Anzeige genau auf dieser Straße zu dieser Zeit entgegen und ich machte den größten Fehler meines Lebens (was sich später erweisen sollte): Ich sprach ihn an.

Der junge Mann war an mir interessiert und wir trafen uns oft. Er hatte einen großen Sprachfehler und stotterte, aber ich hatte ja die Hakennase.

Er war der erste Mann, mit dem ich intimen Kontakt hatte, da war ich 21 Jahre alt. Ich war sehr unerfahren, naiv und schüchtern und verliebte mich in ihn. Zu seinen Eltern bekam ich einen guten Kontakt.

Eine geraume Zeit später vereinbarten wir, dass ich nach Leipzig zu seinen Eltern in die Wohnung ziehen sollte, und zwar in das Kinderzimmer meines Freundes. Wohnungen gab es damals nicht wie heute. Ich nahm an, dass ich ihnen etwas leidtat, da ich so ärmlich lebte. Gesagt, getan.

Wir verlobten uns relativ schnell. Ich war damals glücklich.

Durch meinen Betrieb Konsumgenossenschaft Kreis Leipzig wurde ich im Sommer 1973 ausgewählt, an den X. Weltfestspielen der Jugend und Studenten teilzunehmen. Die Weltfestspiele fanden vom 28. Juli bis 5. August 1973 in der ehemaligen Hauptstadt der DDR in Berlin statt. Es kamen über acht Millionen Menschen zu diesem riesigen Ereignis. 25.000 Gäste aus dem Ausland reisten an. Delegationen aus 140 Ländern waren zu Gast. Jugendliche aus aller Welt trafen sich dort.

Ich sollte in dieser Zeit als Verkäuferin in einem Bonbonbasar von der Konsumgenossenschaft Bezirk Leipzig in der Wuhlheide mitarbeiten. Da war ich natürlich Feuer und Flamme.

Irgendwann vorher kam zu uns in die Berufsausbildung ein Mitarbeiter der Staatssicherheit zu einem Gespräch und bat mich um die Mitarbeit. Ich sollte mich in Berlin regelmäßig mit einem Mitarbeiter treffen und mitteilen, ob irgendwelche politischen Gefahren bestünden, die vom Klassenfeind organisiert würden. Da ich ganz im Sinne unseres DDR-Staates erzogen wurde und auch innerlich sehr überzeugt davon war, willigte ich ein. Ich wollte auf keinen Fall, dass irgendwelche Aktionen gegen unseren Staat und besonders gegen die Jugend, die sich in Berlin traf, geschehen würden.

Vorher wurde ich auch über meinen Verlobten ausgefragt und sollte ein Foto zeigen. Man fragte mich, ob er eventuell straffällig sei. Ich verneinte das, denn ich hatte zu dem Zeitpunkt keine Ahnung, mit wem ich mich verlobt hatte. Das wurde mir erst sehr viel später deutlich klargemacht.

Berlin machte mir unheimlich viel Spaß, natürlich hatte ich auch Angst wegen meines geheimen Tuns. Ich fand es nur sehr wichtig und notwendig.

An ein Vorkommnis kann ich mich noch erinnern. Einige Männer wollten wissen, wie sie an FDJ-Blusen herankommen könnten. Sofort habe ich natürlich gedacht, dass sich Klassengegner einschleichen wollten, und leitete diese Sache dem Mitarbeiter weiter, der mit mir in Verbindung stand. Was sich daraus ergeben hat, erfuhr ich nie.

Während der Weltfestspiele ging dann alles reibungslos, zumindest wurde mir nichts bekannt. Allerdings starb zu Beginn der Weltfestspiele, am 1. August 1973, der Vorsitzende des Staatsrates der DDR Walter Ulbricht bei Berlin. Alle dachten, die Weltfestspiele würden abgebrochen, es kam aber nicht dazu.

Als ich wieder zurück nach Leipzig fuhr, wurden die Verbindungen zur Stasi weniger und brachen ganz ab. Ich war nicht böse darüber, denn richtig wohlgefühlt hatte ich mich damit nie. Ich denke, ich hatte auch keinerlei Informationen gebracht. Das Abbrechen der Verbindung begründete ich aber später mit der Beziehung zu meinem damaligen Verlobten. Ich nehme heute an, sie hatten sich bis ins Kleinste über diesen Menschen informiert.

Meine damalige zukünftige Schwiegermutter arbeitete in der Reklamationsabteilung des Volkseigenen Handelsbetriebes „Exquisit". Das waren Bekleidungsgeschäfte, die ein luxuriöseres Angebot in einer sehr gehobenen Preisklasse gegenüber den normalen HO-Geschäften (staatlichen Handelsorganisationen) führten. Das Angebot bestand aus hochwertiger Eigenproduktion und aus wenigen NSW-Importen (Importe aus dem Nicht-Sozialistischen Wirtschaftsgebiet, also aus kapitalistischen Ländern).

Durch meine künftige Schwiegermutter bekam ich preiswert fehlerhafte schicke Kleidungsstücke nach Hause, die der neueste Schrei waren. So trug ich damals schon Schuhe der italienischen Firma Gabor. Superpreiswert! Ich hatte in dieser Zeit stets moderne Kleidung.

Später erfuhr ich, dass in ihrer Abteilung nicht alles ehrlich ablief. Dort wurde eine ganze Reihe von Betrugsfällen aufgedeckt.

Am 9. März 1974 fand unsere Hochzeit statt. Die Feier richteten meine Schwiegereltern aus, denn meine Mutter hatte dazu kein Geld. Ein richtiges Brautkleid besaß ich nicht. Da wir regelmäßig ins Theater gingen, hatte ich ein langes, hellblaues Kleid. Dieses trug ich auch zur Hochzeit.

Selbst ein Brautstrauß war damals ein Problem. Es war nur möglich, einen Callastrauß (die galten für mich als Friedhofsblumen) oder, wenn es klappte, einen Nelkenstrauß zu bekommen. Es waren dann doch Nelken.

Zu dem Zeitpunkt wusste ich noch nicht, wen ich wirklich heiratete.

Eine eigene Wohnung hatten wir nach wie vor nicht. Das Kinderzimmer in der Wohnung meiner

Schwiegereltern war alles, was wir hatten. Es war etwa fünfzehn Quadratmeter groß, eingerichtet mit den Möbeln meines Mannes. Mein Zutun war nur meine Nähmaschine. Selbst darum musste ich hart ringen, denn auch die sollte ich wie alles andere von mir wegwerfen.

Im Sommer des Jahres 1974 beendete ich mein Fachschulfernstudium erfolgreich und durfte mich Ökonompädagoge nennen. Ich bekam eine höhere Gehaltsstufe. Die Arbeit machte mir riesigen Spaß.

Eines Tages erzählten mir meine Kollegen, dass sie meinen Mann irgendwo an einer Straßenbahnhaltestelle gesehen hätten. Zu dieser Zeit musste er eigentlich arbeiten. Ich glaubte das natürlich überhaupt nicht und sagte, dass es sich nur um einen Irrtum handeln würde. Davon war ich felsenfest überzeugt.

Aber der Irrtum erwies sich als Wahrheit. Als ich ihn und seine Eltern zur Rede stellte, erfuhr ich mit Schrecken, dass ich ohne mein Wissen einen Arbeitsbummelanten geheiratet hatte. Seine Eltern und er hatten alles verschwiegen.

Mein Mann wurde täglich von einem Kollegen des damaligen Energiekombinats Leipzig, in welchem er als Heizer tätig war, zur Arbeit abgeholt. In meiner Naivität dachte ich immer, er sei ein Kumpel. Nein, er war ein Bewährungshelfer, der übrigens auch bei der Hochzeitsfeier anwesend war. Das erfuhr ich erst bei jener Offenbarung. Mein Ehemann war vor unserer Heirat einige Male wegen Arbeitsbummelei im Gefängnis gewesen. Er verbrachte eine ganze Zeit

seiner Strafe in einem Arbeitslager im Braunkohlenta-
gebau in Regis-Breitingen und hatte danach eine
längere Bewährungszeit.

Ich kann mich erinnern, dass ich einmal zufällig sein
SV-Buch angesehen hatte (das war damals der Sozial-
versicherungsausweis). Darin wurden alle Informationen der Betriebe und Krankenverhältnisse eingetra-
gen. Ich hatte darin fehlende Eintragungen entdeckt.
Er hatte mir erklärt, dass das mit Lehrgängen zusam-
menhinge. Treu und brav glaubte ich auch das. Seine
Eltern schwiegen dazu.

Lügen, Lügen, Lügen!

Ich war total entsetzt. Mit so etwas hatte ich beruf-
lich zu tun, wenn bei uns Lehrlinge arbeitsscheu
waren, und nun mein eigener Mann! Allmählich
erfuhr ich fast alles. Ich wollte mich trennen. Wir
waren noch nicht einmal ein Jahr verheiratet. Er
bettelte, dass ich bleibe. Ja, wo sollte ich auch hin?
Ich wohnte in der Wohnung seiner Eltern. Meine
Wohnung in Waldsteinberg gab es nicht mehr. Auf
eine eigene Wohnung musste man in Leipzig und in
der gesamten DDR jahrelang warten. So entschloss
ich mich, es trotz allem noch mal mit ihm zu versu-
chen, und er versprach mir hoch und heilig, so etwas
nicht wieder zu tun.

Nach einigen Monaten erfuhr ich durch meine Kollegen und durch die Arbeitsstelle meines Mannes, dass
erneut etwas nicht in Ordnung war. Er ging wieder
nicht regelmäßig zur Arbeit, diesmal fälschte er sogar
Krankenscheine.

Es kam für mich noch schlimmer. Ich kann mich erinnern, dass ich unseren ausgefüllten Wohnungsantrag, der längst auf dem Wohnungsamt liegen sollte, unter dem Teppich fand. Ich war todunglücklich über diese Ereignisse.

Er war so hinterhältig, dass er sich von mir die Frühstücksschnitten für die Arbeit machen ließ, pünktlich aus dem Haus ging, aber nie auf Arbeit ankam. Später erfuhr ich von den Nachbarn im Mietshaus, dass er sich im Keller versteckte, bis wir alle auf Arbeit waren, und danach wieder in die Wohnung zurückging. Bevor ich von meiner Arbeitsstelle kam, verließ er wieder die Wohnung und tat so, als ob er von der Arbeit kommen würde. Ich war total ahnungslos über diese Machenschaften. Alle im Haus wussten das – nur ich nicht! Seine Eltern hatten alles geheim gehalten.

Dieses Theater mit der Arbeitsbummelei und den Unterschriftenfälschungen begann nach einem knappen Jahr.

Es war Juni 1976, seine Eltern waren in jener Zeit in einem längeren Urlaub. Es kam zu einem riesigen Krach zwischen uns. Ich legte ihm dar, dass es so nicht mehr weitergehen würde. Er bettelte, dass ich bleiben sollte, er würde sich sonst das Leben nehmen. Aber für mich hatte sich diese Ehe erledigt. Ich schrie ihn an, er solle es doch tun. Aber solche Menschen sind viel zu feige für alles.

Ich reichte die Scheidung ein. Meine damalige Chefin der Berufsausbildung der KG Kreis Leipzig unterstützte mich in jeder Hinsicht und half mir bei dem Einreichen der Scheidungsunterlagen. Ich war froh, dass ich diese Unterstützung meiner Arbeitsstelle hatte.

Am Tag der Scheidung, es war der 22. Juli 1976, kam heraus, dass mein Ehemann dort durch seine Vorstrafen wegen Arbeitsbummelei bekannt war. So waren wir in fünfzehn Minuten geschieden. Diese Prozeduren, wie sie in der heutigen Zeit bei Ehescheidungen üblich sind, gab es damals glücklicherweise noch nicht.

Nun kam das nächste Problem auf mich zu. Wo sollte ich hinziehen? Ich ging auf das Wohnungsamt und legte dort meine problematische Sachlage dar. Es wurde mir gesagt, dass sie, falls sie etwas unternehmen könnten, das erst täten, sobald ich das Schriftstück der Scheidung in der Hand hielte. Nun hieß es warten.

In der Zwischenzeit waren die Eltern aus dem Urlaub zurück und hielten natürlich zu ihrem Rabensohn. Ich brachte in dieser Zeit heimlich allerhand Wäschestücke zu meiner Mutter nach Waldsteinberg.

Als ich endlich die Scheidungsunterlagen bekam, es war der 2. August 1976, lief ich sofort zum Wohnungsamt. Dort wurde über meine Notlage beraten. Ich musste ja sofort aus der Wohnung seiner Eltern. Das wurde mir auch jeden Tag von meinem Schwiegervater dargelegt.

An diesem Tag bekam ich eine Wohnungszuweisung für eine Eineinhalb-Zimmer-Wohnung in einem anderen Stadtbezirk. Ich war sehr erleichtert darüber.

Vielleicht sollte ich noch erwähnen, dass ich mit fast keinem Pfennig Geld dastand, denn das Geld, welches wir besaßen, hatte mein „sauberer Ehemann" als „Lohn" nach Hause gebracht. Wieder einmal war ich fast ohne Geld.

Da wir zur Hochzeit einen zinslosen Ehekredit von 5.000 Mark beantragt hatten, war es uns möglich gewesen, einiges für unseren kleinen Haushalt zu kaufen. Dieser Kredit sollte den Start ins Eheleben bis zum 25. Lebensjahr erleichtern. Die Monatsraten betrugen 53 Mark. Ich erinnere mich, dass wir unter anderem wertvolle Damastbettwäsche, ein wunderschönes Kaffeeservice mit Kobalt für zwölf Personen, zwei Speiseservices, Bestecke, einen Fotoapparat und die Möbelaufsätze des Anbauwandmodells Wi-We-Na, welches mein Mann bereits besaß, kauften.

Für diese in der Ehe angeschafften Haushaltsgegenstände erstellten wir eine Liste der Teilung für die Scheidung. Das heißt, es wurde jedem zugewiesen, was er von den gemeinsamen Anschaffungen behielt. Wir einigten uns darauf, dass ich statt des Fotoapparates die Aufsätze der Anbauwand bekam. Ich benötigte ja irgendwelche Möbelstücke, worin ich Sachen unterbringen konnte. Ich besaß nicht mal ein Bett, denn das gehörte alles schon vorher meinem Mann.

Bei meinem Auszug packte ich alles, was ich mittels eines Koffers tragen konnte, zusammen und fuhr damit einige Male mit der Straßenbahn in meine zugewiesene Wohnung. Natürlich wäre es notwendig gewesen, etwas Farbe an die Wände dieser Wohnung zu bringen. Aber die Zeit hatte ich nicht und auch absolut kein Geld. Die Aufsätze der Anbauwand und meine geerbte Nähmaschine wurden von einem Fahrer meiner Arbeitsstelle mit einem Kleintransporter gebracht. Das hatte meine Chefin organisiert.

Während des Sachenpackens in der Wohnung meiner Schwiegereltern stand mein Schwiegervater Gewehr bei Fuß, damit ich ja nichts Falsches mitnahm. Das war grausam.

Endlich war ich ausgezogen, meine Adresse gab ich meinem geschiedenen Mann nicht bekannt, sondern teilte ihm nur mit, dass ich wieder in mein Geburtshaus nach Waldsteinberg ziehen würde.

Der vom Staat vergebene Ehekredit hatte etwas Negatives in sich. Auch nach der Scheidung war jeder Gesamtschuldner und das sieben Jahre lang, bis der Kredit abgezahlt war. Das bedeutete, wenn die individuell unter den geschiedenen Eheleuten ausgemachte Teilzahlung des Ehekredits von einem nicht eingehalten wurde, musste der andere zahlen. Der erreichbare Kreditnehmer bekam von dem Kreditinstitut der Sparkasse Leipzig sofort eine Mahnung, falls mit der regelmäßigen monatlichen Gesamtzahlung von 53 Mark etwas nicht stimmte. Wir hatten uns geeinigt, dass jeder monatlich die Hälfte zahlte, das waren 26,50 Mark. Ich dachte nicht im Traum daran, dass irgendwann riesige Probleme mit der Abzahlung auftreten würden.

Etwa ein Jahr später trudelte die erste Mahnung in der Wohnung meiner Mutter ein, dass die monatliche Zahlung nicht exakt verlaufe. Das Kreditinstitut der

Sparkasse Leipzig bat unverzüglich um die ausstehende Zahlung.

Ich ging zum Kreditinstitut, das damals in Leipzig in der Schillerstraße seinen Sitz hatte, und erfuhr, dass mein geschiedener Mann seinen Teil der Zahlungen nicht durchführte. Das zog sich über eine längere Zeit hin. Ich musste diese Beträge nun übernehmen und hatte große Sorge, dass ich die gesamten Zahlungen durchführen sollte, auch von den Artikeln, die ich nicht besaß.

Ich schrieb regelmäßig Briefe an die Wohnung meines geschiedenen Mannes mit den Mahnbescheiden. Durch einen Bekannten, der bei der Polizei tätig war, erfuhr ich, dass mein geschiedener Mann im Gefängnis saß, sicher wieder wegen Arbeitsbummelei. Dadurch waren die Zahlungen seinerseits nicht durchgeführt worden. Regelmäßig teilte ich meinem geschiedenen Mann trotzdem mit, welchen Zahlungsbetrag er noch abzuleisten hatte.

In meiner kleinen Wohnung fühlte ich mich wohl und lebte in sehr bescheidenen Verhältnissen.

Eine von Anfang an sehr unangenehme Sache dieser Wohnung war, dass es für zwei Familien im Haus nur eine Toilette außerhalb der Wohnung gab. Meine Nachbarin, ebenfalls alleinstehend, aber mit kleinem Kind, hatte vielfältigen Umgang mit ausländischen Männern, das waren sogenannte Vertragsarbeiter der DDR, welche aus Jugoslawen angereist waren. Alle nutzten diese Toilette. Das war ganz schön eklig, denn mit der Sauberkeit nahm es dort keiner genau.

Ich begann nach meiner Scheidung wieder nach vorn zu schauen und mir wurden wieder mehr und mehr die spöttischen Blicke in der Straßenbahn und überall wegen meines Aussehens bewusst.

Mein sehnlichster Wunsch war es schon jahrelang, eine kosmetische Operation durchführen zu lassen und mir ein normales Leben mit meiner Umwelt zu ermöglichen. Ich wusste, dass solche Operationen sehr teuer waren und nur Auserwählte die Möglichkeit dazu hatten. Ich begann dafür Geld zu sparen. Durch die Abzahlung des Ehekredits war es schon nicht so leicht, das auch noch zu machen. Zumal der Ehekredit sieben Jahre lang getilgt werden musste, das bedeutete bis zum Jahr 1981. Durch die miese Zahlungsmoral meines geschiedenen Mannes war ich gezwungen, eine längere Zeit den gesamten Betrag zu bezahlen.

Platonische Liebe und mein anderes Leben

Die Zeit verging. Ich ging gern zur Arbeit und hatte Spaß daran. Eine Kollegin aus meiner Abteilung, welche auch alleinstehend war, überraschte mich eines Tages. Sie hatte uns beide im Klub für Alleinstehende der Stadt Leipzig angemeldet. Mit der Maßgabe, vielleicht wieder einen netten Partner kennenzulernen. In diesem Klub wurden am Wochenende regelmäßig Tanzabende durchgeführt, überwiegend für Singles. Später kamen auch andere Veranstaltungen wie Wanderungen, Kegeln und so weiter dazu. Das war immer recht lustig. Auch wenn es wegen meines Aussehens nicht viele Männer gab, welche mich zum Tanz aufforderten, war es schön.

In einen Tänzer hatte ich mich aber etwas verguckt. Wir nannten ihn aus irgendeinem Grund „Doktor". Er war viel älter als ich, aber ich war immer aufgeregt, wenn er mich mal zum Tanzen holte. Das war über Jahre meine heimliche platonische Liebe. Er hat das nie erfahren. Ich war auf jede Frau an seiner Seite neidisch und hasste mein Aussehen. Es bedrückte mich Tag und Nacht, immerhin war ich in der Zwischenzeit über 26 Jahre alt. Das heißt, wir schrieben schon das Jahr 1978. Ich sparte weiter eisern mein Geld, denn ich hatte in Erfahrung gebracht, dass diese kosmetische Operation etwa 1.500 Mark kosten würde. Ich hatte die Hoffnung, dass, wenn ich mein Aussehen veränderte, ich vielleicht meinen Doktor gewinnen würde?!

Ich ging im gleichen Jahr zu einer HNO-Ärztin und brachte mein Anliegen vor, ob ich eine kosmetische Nasenoperation machen lassen könnte. Sie war davon sofort begeistert und schrieb mir den Überweisungsschein in die Leipziger Karl-Marx-Universität Abteilung HNO – Plastische Chirurgie. Ich meldete mich in dem Klinikum an.

Es kam eine wochenlange Wartezeit auf mich zu. Zuerst stand ich auf der Warteliste für einen Fototermin. Das war im Juni 1978. Danach ging das Warten weiter, mit Spannung erwartete ich die nächsten Termine in der Klinik.

In der Zwischenzeit musste ich natürlich auch meinen Betrieb informieren, davor graute mir schon sehr. Ich bat meine Chefin nach Feierabend zu einem persönlichen Gespräch und erzählte ihr von meinem Vorhaben. Auch sie fand meinen Entschluss sehr gut, ihr war bekannt, dass sich auch die Lehrlingsklassen, in denen ich Unterricht gab, über mein Aussehen lustig machten. Alle wussten es!

Im darauffolgenden späten Frühjahr 1979 erhielt ich endlich einen Termin zu der langersehnten kosmetischen Operation. Ich wurde am 3. April 1979 stationär in der HNO-Klinik der Karl-Marx-Universität aufgenommen. Mein Traum begann sich zu erfüllen.

Wie vieles bei mir ging auch hier nicht alles reibungslos vonstatten. Es gab zwei Spezialisten, einen Professor und seinen Assistenzarzt, ein Doktor. Beide waren Berühmtheiten in der Plastischen Chirurgie. Sie fuhren viel ins Ausland, etwa nach Frankreich, und führten dort Operationen durch.

Mein erster Termin für die OP stand fest, wurde aber kurz vorher wieder abgesagt, da der Doktor, welcher die Operation durchführen sollte, angeblich erkrankt war. Man sagte, er hätte Riesenprobleme mit dem Weisheitszahn. Vielleicht war er auch bei einer wichtigen und teuren Operation im Ausland. Ich musste das Klinikum für eine geraume Zeit wieder verlassen.

Der zweite Termin wurde angesetzt. Das OP-Team sollten der Professor und die Oberärztin sein. Auch an diesem Termin wäre beinahe wieder etwas schief-gegangen, diesmal aber durch mein Verschulden. Ich nahm wie fast alle jungen Frauen, die kein Kind haben wollten, die Antibabypille. Mir war nicht be-kannt, dass ich, wenn ich eine OP habe, die Pille in der Regelpause auf keinen Fall absetzen darf. Ich tat es aber.

Wenige Stunden vor der OP erzählte ich im Zim-mer davon. Die Krankenschwestern waren sofort in heller Aufregung, da die OP eigentlich hätte abgesagt werden müssen. Da dadurch ein Verbluten bei der OP riskiert werden könnte. Ich war natürlich in riesengroßer Aufregung. Die Krankenschwestern ließen sich aber etwas einfallen. Mir wurde eine größere Dosis Penicillin gespritzt. Als OP-Nachthemd bekam ich ein extralanges, sodass nie-mand sehen konnte, dass ich meine Monatsblutung hatte. Mir wurde eingeimpft, bei der OP zu sagen, falls die Ärzte über das Nachthemd schimpfen würden, es stünde derzeitig kein normales OP-Hemd zur Verfügung. Das war schon ganz schön aufregend. Aber schließlich ging alles gut. Die OP verlief entsprechend gut und mir ging es danach auch den Umständen entsprechend.

Im Zimmer lagen nicht nur Patienten, die eine kosmetische Operation durchführen ließen, sondern auch Krebspatienten. Sie kamen aus der gesamten DDR. Wir hatten trotz allem manchmal viel Spaß untereinander. So gab es einen jungen Pfleger, wir nannten ihn Schwester Thomas. Alle wollten unbedingt wissen, ob er gut spritzen kann. Also wurde von uns ausgelost, wer sich abends eine Spritze in den Hintern geben lässt, damit er angeblich besser schlafen kann. Das war schon recht lustig.

Wir, die Frauen mit den Nasen-OPs, hatten einen Gipsverband im Gesicht, dadurch sahen wir recht gruselig aus. Zu den Besuchszeiten steckten wir oft unsere Köpfe aus dem Fenster, um die Besucher, die in die Klinik kamen, zu erschrecken.

Nach etwa zehn Tagen sollte es so weit sein. Mein Gipsverband wurde entfernt. Davor graute mir unendlich. Ich hatte gehört, dass manche OP auch schiefgegangen war und man keine Besserung sah. Wie mochte es bei mir ausgehen? Ging mein jahrelanger Wunsch in Erfüllung?

Es kam zur Abnahme des Verbandes. Mir wurde ein Spiegel gegeben, vorher wurde aber gesagt, dass die Gesichtspartie durch die OP noch geschwollen sei. Ich sah vorsichtig in den Spiegel. Der größte Traum war in Erfüllung gegangen. Mich schaute ein Gesicht mit einer geraden Nase an – die Hakennase existierte nicht mehr.

Sicher ist meine Nase nicht die schönste, aber es ist eine, mit der ich leben kann. Ich habe diesen Schritt zur OP bis zum heutigen Tag nicht bereut. Heute sind solche OPs Normalität, das war aber im Jahr 1979 absolut noch nicht der Fall.

Ich hatte doppeltes Glück. Bei mir wurde vorher festgestellt, dass krankheitsbedingte Veränderungen in der Nase vorhanden waren und die gesamten Kosten von der Krankenkasse übernommen wurden. Ich musste keinen Pfennig bezahlen.

Am 4. Mai 1979 wurde ich aus dem Krankenhaus entlassen. Mir wurde ans Herz gelegt, dass ich mich auf keinen Fall stoßen dürfe. Ich hütete meine Nase wie meinen Augapfel.

Von da an ging mein Leben mit einem völlig neuen Selbstwertgefühl weiter. Natürlich besuchte ich wieder den Klub für Alleinstehende zu den Tanzabenden. Meine platonische Liebe sah ich aber nie mehr. Dafür begann für mich durch meine neue Nase ein neues Leben.

Reisefreiheiten?

Meine Freizeitinteressen waren nicht nur auf das Tanzen ausgerichtet, sondern ich las sehr gern Reiseberichte aus aller Welt. Ich war begeistert von vielen Ländern, wo ich gern hingefahren wäre, um sie anzusehen. Aber erstens war es verboten. Wir fuhren wenn überhaupt nur in die sozialistischen Länder. Und zweitens fehlte mir sowieso das nötige Geld dazu.

Mittlerweile schrieben wir das Jahr 1980. Durch meine Arbeitsstelle in der Berufsausbildung und in meiner Funktion als FDJ-Sekretär der Abteilung erfuhr ich, dass es für Jugendliche Reisen in die sogenannten NSW-Staaten gab. In diese Länder durfte man normalerweise nicht reisen. Mein Interesse wurde aber sofort geweckt. So eine Reise wollte ich unbedingt unternehmen!

Mir war bekannt, dass Großbetriebe ein Kontingent für Auszeichnungen von Jugendlichen für diese Reisen besaßen. Ich hatte durch meine betriebliche ehrenamtliche Funktion als FDJ-Sekretär unserer Abteilung viele Kontakte zur FDJ-Kreisleitung Leipzig Land und auch zur FDJ-Bezirksleitung. Ich entschloss mich, irgendwie solch eine Reisegenehmigung zu erreichen, und erkundigte mich in der FDJ-Kreisleitung, was man machen musste, um zu solch einem Reisekader zu werden. Ich benötigte Beurteilungen in unterschiedlicher Art, von meiner Abteilung, von unserem Betriebsleiter der KG Kreis Leipzig.

Es kam zum Termin der Vorsprache bei meinem Betriebsleiter. Er schüttelte mit dem Kopf, als er von meinem Wunsch erfuhr, aber veranlasste die nötigen Schritte. Ich leitete alles ein und erhielt auch die gesamten geforderten Unterlagen. Da ich mir niemals etwas zu Schulden kommen lassen hatte, waren die Beurteilungen auch alle einwandfrei. Das hatte ich natürlich nicht anders erwartet.

Zu jener Zeit wohnte ich immer noch in der Wohnung, die mir nach meiner Scheidung zugewiesen worden war. Im meinem Wohnhaus hatte ich recht guten Kontakt zu einer betagten Mieterin. Sie vertraute mir damals an, dass die Staatssicherheit bei ihr gewesen war und Erkundigungen über mich eingeholt hatte. Sie habe aber nur Gutes berichtet.

So kam irgendwann der Tag, an dem ich eine Einladung in die FDJ-Bezirksleitung zu einem Reisegespräch bekam. Es waren viele Jugendliche anwesend. Die meisten waren von ihren Betrieben delegiert worden. Ich war die Einzige, die als sogenannter Selbstmelder die notwendigen Schritte für solch eine Reise unternommen hatte.

Zuerst wurden wir stundenlang regelrecht bearbeitet, weshalb wir dieses Vorhaben hätten. Jeder musste Rede und Antwort stehen. Danach stundenlange Belehrungen über die Gefahren in kapitalistischen Ländern. Uns wurde dargelegt, dass eine dreiwöchige Reise nach Kuba, ein sozialistisches Land, zur Auswahl stand und eine Reise in ein kapitalistisches Land. Welches Land es sein würde, das wurde vorerst geheim gehalten. Kuba interessierte mich damals überhaupt nicht. Ich wollte ja dahin, wo man normalerweise gar nicht hindurfte.

Weitere Gespräche folgten. Jeder musste eine richtige Begründung darlegen, warum man nicht in ein sozialistisches Land wie Kuba wollte. Bei keiner richtigen Begründung durfte derjenige nicht weiter und schied aus. So waren damals die Regeln. Offensichtlich hatte ich die richtigen Sätze gewählt oder ich hatte in irgendeiner Akte einen Pluspunkt – keine Ahnung. An meine Begründung gegen die Reise nach Kuba erinnere ich mich nicht mehr konkret. Ich erklärte aber, dass ich keine drei Wochen in meiner Abteilung fehlen könne und mir das auch finanziell nicht möglich sei, denn die Reise nach Kuba hatte einen stolzen Preis von etwa 3.000 Mark der DDR.

Nun gehörte ich zu dem engeren Kreis der Reisekader und durfte in das nächste Zimmer. Zwischendurch in Pausen telefonierte ich immer mal mit meiner Chefin auf Arbeit, wie weit die Sachlage war. Jeder war neugierig, ob mir dieses Vorhaben gelang. Da ich keine Verwandtschaft im Westen, also in der BRD, hatte, standen die Chancen günstig für mich.

Im nun engeren Auswahlgremium wurden wir wieder über die Gefahren des Kapitalismus belehrt. Wir wussten nach wie vor nicht, in welches Land wir kommen würden. Es verstrichen weitere Stunden.

Endlich wurde uns mitgeteilt: „Die Reise geht nach Dänemark zum kommunistischen Jugendverband." Es sollte eine Acht-Tage-Reise über den 1. Mai 1981 werden.

Ich jubelte. Es war erreicht! Wahnsinn. Ich war Reisekader für ein kapitalistisches Land, wo normalerweise niemand hinfahren durfte! An die Kosten erinnere ich mich noch. Der Reisepreis betrug 770 Mark der DDR. Nach meinem ausführlichen Bericht am nächsten Tag jubelten und freuten sich auch meine Kollegen für mich.

Es wurde eine aufregende und faszinierende Reise in ein NSW-Land mit Angst im Gepäck vor den Gefahren des Klassenfeindes. Reisebeginn war der 26. April 1981. Unsere Reisegruppe fuhr mit dem Zug nach Warnemünde und dort gelangten wir auf das Fährschiff nach Dänemark.

Als Verantwortliche waren einige Politbeauftragte dabei. Sicher auch Mitarbeiter der Staatssicherheit. An einen kann ich mich genau erinnern. Das war der Chefredakteur der damaligen Jugendzeitschrift „Neues Leben". Das fand ich sehr beeindruckend.

Eine aufregende Fahrt auf der Fähre nach Gedser stand bevor. Unsere gesamte Reisegruppe verstand sich super. Ich hatte gleich mit einigen Mädchen Kontakt. In Gedser angekommen, waren unsere Verantwortlichen erleichtert, dass kein Jugendlicher aus unserer Gruppe die Chance wahrgenommen hatte, einfach auf irgendein anderes im Hafen anliegendes Schiff zu flüchten.

Unsere Reise ging weiter per Bahn auf die Insel Fünen. Dort reisten wir mit einem Bus in die niedliche Stadt Odense. Ein Stadtbummel war angesagt und auch kleine Einkäufe konnten wir tätigen. Wir hatten etwas Taschengeld zum Reisebeginn erhalten. Es ging vorbei am Geburtshaus des bekannten Schriftstellers Hans Christian Andersen. Das war schon bewegend für mich. Einige Märchen, die ich von ihm gelesen hatte, fielen mir sofort ein: „Das Feuerzeug", „Das hässliche Entlein" oder „Däumelinchen". Als Nächstes besichtigen wir Den Fynske Landsby, ein historisches Dorf.

Auch den dritten Tag verlebten wir mit vielen interessanten Einblicken in das Land. Wir besuchten die damalige Rote Universität von Odense. Am Nachmittag starteten wir die Überfahrt mit dem Bus von Fünen hinüber nach Jütland in den Ort Ribe. Wir liefen an der Hafenpromenade entlang des Flusses Ribe. Die Straßen waren beeindruckend für uns. Schmale Gassen mit Pflastersteinen, die Häuser wirkten irgendwie schief. Unsere Reisebetreuer erklärten, dass Ribe die älteste Stadt in Dänemark sei.

Der nächste Besichtigungspunkt war die alte Festungsstadt Fredericia. Diese Stadt lag genau am Kleinen Belt – Lille Belt genannt – und wir fuhren über die beiden Brücken, die Fünen und Jütland verbinden. In Fredericia konnten wir eine Volkshochschule besichtigen, die Direktorin begrüßte uns ganz herzlich. Wir übernachteten in einem Vandrerhjemmet, das war eine Art Jugendherberge in Fredericia.

Am vierten Tag erkundeten wir als Erstes den Hafen, den Havn. Anschließend fuhren wir zu zwei Betriebsbesichtigungen, erst zu „BE-RI-MA", wo Plastikartikel hergestellt wurden, dann zu „FREM Apelmost", einer Getränkefirma.

Ich freute mich schon die ganze Zeit auf ein für mich hoffentlich beeindruckendes Erlebnis. Wir sollten nach den Betriebsbesichtigungen an den südlichen Nordseeteil fahren. Endlich würde ich die Nordsee sehen. Aber welch Entsetzen. Mir war zwar bekannt, dass es Ebbe und Flut gibt, aber dass ich nur die Ebbe der Nordsee sehen sollte, damit hatte ich nicht einmal im Traum gerechnet. Ich war sehr enttäuscht und traurig. Es sollte wohl nicht sein.

Nach einem angenehmen Kaffeetrinken mit dänischen Jugendlichen hatte ich das etwas verwunden. Am späten Nachmittag fuhren wir zurück nach Ribe. Dort wollten wir uns mit dem kommunistischen Jugendverband Dänemarks treffen – der DKU.

Am fünften Tag fuhren wir durch Holte und sahen dort von Weitem eine interessante Kirche. Weiter ging es mit der Fähre nach Seeland. Das ist die größte Ostseeinsel Dänemarks. Sie liegt im Osten des Landes und stellt die Hauptinsel dar. Als Nächstes sollte es nach Kopenhagen gehen, um die Hauptstadt anzuschauen. Nicht zu vergessen, dass wir durch unsere Reiseleitung ständig belehrt wurden, uns richtig zu verhalten. In Kopenhagen machten wir einen Stadtrundgang vorbei an interessanten Gebäuden. So sahen wir die Vor Frelsers Kirke. Dort konnte man außen und innen auf einer Wendeltreppe auf die Turmspitze dieser Erlöserkirche gelangen.

Ebenso ging es zur Kopenhagenbörse mit dem Schloss Christiansborg. Der gewaltige Gefionbrunnen zeigte durch die Wasserpracht seine gesamte Schönheit. Wir fuhren weiter zum Schloss Amalienburg, der königlichen Residenz. Zwölf Uhr hatten wir das Glück, der „Großen Wachablösung" beizuwohnen. Am Hafen von Kopenhagen bewunderten wir die weltbekannte Figur „Die Kleine Meerjungfrau". Schon damals wurde sie immer wieder Opfer von Beschädigungen.

Als Nächstes fuhr unsere Reisegruppe in den „Freistaat Christiania", der heute als Freistadt bezeichnet wird. Das war eine alternative Wohnsiedlung. Sie befand sich im Kopenhagener Stadtteil Christianshavn auf einem ehemaligen Militärgelände. Die Bewohner lebten unabhängig von staatlichen Behörden. Konflikte wurden dort selbst reguliert. Dieses Areal wurde als „Brutstätte der Kriminalität" bezeichnet. In der heutigen Zeit hat sich das aber ziemlich gemildert, bis auf den Haschisch-Konsum. Der ist dort auch heute noch offiziell erlaubt.

Nachmittags hatten wir Jugendlichen gemeinsame Freizeit und wagten einen Bummel durch die Straßen von Kopenhagen. Natürlich auf gar keinen Fall allein! Nach so vielen negativen Belehrungen! Wir hatten ständig Angst, es ginge uns an den Kragen.

Wofür wir uns sehr interessierten, waren die Sex-Shops und die Prostitution, denn mit so etwas hatten wir ja nie Kontakt und kannten das nur aus dem Westfernsehen. Natürlich betraten wir solch einen Shop und besahen, was es dort alles gab. Da gingen uns ganz schön die Augen über.

Ein Einwohner aus Kopenhagen sprach uns Jugendliche an und legte dar, dass diese Shops nur für Touristen seien und nicht für die normale Bevölkerung. Er hatte uns angesehen, dass wir Jugendliche aus dem sozialistischen Land DDR waren.

Die Straße, wo direkt Prostitution betrieben wurde, durften wir Mädchen nicht betreten. Es waren aber einige Jungen aus unserer Reisetruppe dort und erzählten uns Neugierigen davon. Man darf nicht vergessen, es war das Jahr 1981.

Der sechste Reisetag kam heran. Das war der 1. Mai 1981. Mit der Einladung zu dieser Reise durch den Kommunistischen Jugendverband hatten wir die Möglichkeit, an der Maidemonstration in Kopenhagen teilzunehmen. Das war für uns sehr spannend und aufregend. Das Wetter war traumhaft schön. Wir marschierten gemeinsam mit dem DKU-Verband Kopenhagen in einem Demonstrationszug. Es waren Unmassen von Menschen mit Kind und Kegel. Natürlich hatten wir auch dabei Angst vor irgendwelchen Vorfällen. Aber außer, dass wir bemerkten, dass ab und zu Flaschen geworfen wurden, spürten wir nichts. Nachmittags weitete sich alles zu einem Volksfest aus. Die Familien saßen auf Plätzen und Wiesen zusammen und feierten gemeinsam. Das war ein beeindruckender Anblick. Solche Bilder in einem kapitalistischen Land.

Am nächsten Tag hieß es Abschied nehmen. Wir waren alle traurig, denn wir hatten neue Freunde kennengelernt. Ich schenkte einer dänischen Jugendlichen meine FDJ-Bluse. Die Rückreise erfolgte auch wieder ohne irgendwelche besonderen Vorkommnisse.

In Leipzig berichtete ich danach überall im Bekanntenkreis und im Betrieb darüber. Jeder wollte meine

Erlebnisse hören und die gemachten Fotos bestaunen. Nach diesen Reiseerlebnissen schlug natürlich wieder der normale Alltag zu.

Meine große Liebe und andere Kämpfe

Ich hatte immer noch keinen richtigen Freund. Im Klub für Alleinstehende gab es schon einen, der mir echt gut gefiel, er hatte aber eine andere Flamme und kein richtiges Auge für mich.

Irgendwann war ich mit einem Tanzpartner in der Bar und mein unerreichbarer Schwarm kam auch dorthin. Endlich sprach er mich an: „Hallo, blonde Zigeunerin."

Nun war der erste Schritt getan und es hieß für mich am Ball bleiben! Den möchte ich haben! Er war neun Jahre älter als ich, das fand ich absolut nicht störend. Ich tanzte und flirtete mit ihm.

An irgendeinem Tanzabend gab er mir zum Schluss einen kleinen Zettel, den ich auch später noch lange Zeit besaß, mit der Bitte um ein Treffen.

Wir trafen uns das erste Mal am 26. Mai 1982 an einem Haltepunkt der Straßenbahn in der Nähe meiner Wohnung und fuhren zu ihm nach Hause. Die Wohnung befand sich im Osten von Leipzig. Ich war total erschrocken, wie es dort aussah, ließ es mir aber nicht anmerken. Alles klebte vor Schmutz, ganz gleich, wo man hinsah. Ich trank aus einem Glas – erschreckend. Dieser Mensch war total überfragt, was Sauberkeit anging, und hatte durch Scheidungsprobleme, seine Schichtarbeit bei der Reichsbahn und sicher auch durch Bequemlichkeit und Faulheit alles vernachlässigt. Er tat mir leid. Ich mochte ihn sehr. Nach und nach machte ich aus seiner verdreckten Wohnung ein einigermaßen ordentliches Zuhause. Ich putzte und wusch alles sauber.

Im Klub für Alleinstehende wollte er aber auf keinen Fall, dass jemand etwas von unserer Beziehung mitbekam. Wir saßen getrennt, tanzten nur ab und zu miteinander. Wir unternahmen zum Beispiel eine Fahrt mit dem Klub nach Dresden, aber getrennt. Er tat so, als würde er mich gar nicht kennen. Das war schon ziemlich grausam für mich. Aber ich dachte immer – die Zeit arbeitet für mich.

Unsere Verbindung wurde immer intensiver. Wir trafen uns häufiger entweder in meiner Eineinhalb-Zimmer-Wohnung oder in seiner Wohnung. Das ging über eine Reihe von Jahren so.

Über die Jahre wurde das Haus, in dem ich meine Mietwohnung hatte, arg sanierungsbedürftig. Das Dach war total kaputt und die Nässe aus dem Keller war gewaltig. Ich in meiner Parterrewohnung bekam das alles zu spüren. Die Zimmerwände begannen zu schimmeln. Selbst in meinem kleinen Schlafraum kletterte die Nässe stetig vorwärts und ließ die Möbelteile schimmlig werden.

Durch das kaputte Dach und die zerbröckelnde Hausaußenwand war die Sicherheit auf dem Fußweg vor unserem Haus nicht mehr gewährleistet. Geld für die Reparaturen fehlte in Leipzig. Es wurde, wie es überall an solchen Häusern üblich war, ein sogenannter Gehwegtunnel vor meiner Wohnung aufgebaut. Man muss sich vorstellen, dass Bretter genau vor dem Wohnzimmer- und dem Küchenfenster befestigt wurden und darüber ein Schutzdach angebaut wurde. Das bedeutete für mich und meine Wohnung – leben hinter Brettern, denn es kam durch diese Baumaßnahme kaum noch Tageslicht in meine Wohnung. Das war kurz vor Weihnachten 1986. Grausam, so zu leben. Die Mietgeldminderung war dafür kein Ausgleich.

Ich ging jede Woche auf das Wohnungsamt zur Fürsprache wegen einer anderen lebenswerten Wohnung. Aber ich war ein Niemand und hatte keinen „Namen" und keine Beziehungen. Ich lief einige Jahre regelmäßig zum Wohnungsamt und versuchte irgendwie eine andere Wohnung zu bekommen. Aber nichts! Mittlerweile fing auch mein Kühlschrank an zu rosten.

In der Zwischenzeit erhielt mein Freund, der ja zuvor auch in einer alten Wohnung lebte, eine schöne Neubauwohnung, bedingt durch seine Drei-Schicht-Arbeit bei der Reichsbahn der DDR. Insgeheim hoffte ich, dass er sagte: Zieh doch zu mir und wir heiraten. Aber das war kein Thema. Ihn interessierten meine Wohnungsprobleme nur bedingt. Wir verstanden uns ansonsten sehr gut, irgendwelche Verantwortung wollte er aber auf keinen Fall übernehmen. So kämpfte ich weiter verbissen allein bei den Behörden um eine andere Wohnung.

Irgendwann im Jahr 1988 bekam ich verschiedene Ausbauwohnungen angeboten. Als alleinstehende Frau mit wenig Geld und ohne Beziehungen waren die dort enthaltenen Reparaturen unlösbar für mich und ich musste die Angebote leider ablehnen. Da hätten Zimmerdecken abgehackt, Wände neu gemauert, Ofenrohre quer durch Zimmer gelegt werden müssen. Ich weiß gar nicht mehr, was noch so alles für Ausbauarbeiten zu leisten gewesen wären. Für die heutige Zeit unvorstellbar. Es gab ja auch kaum Baumaterial zu kaufen, zumindest nicht legal.

Irgendwann im Jahr 1989 bekam ich vom Wohnungsamt eine Besichtigungskarte für eine Zwei-Raum-Wohnung unter dem Dach mit Balkon, Innentoilette und Badewanne in der Küche im Ortsteil Leipzig/Anger Crottendorf. In dieser Wohnung war ebenfalls vieles zu reparieren und zu sanieren, beispielsweise kaputte Öfen beseitigen, Elektroaufputzkabel verändern, Dielenreparaturen.

Da ich jahrelang die Nässe in meiner Parterrewohnung vom Keller kannte und damit schon über Jahre lebte, wollte ich nicht in der nächsten Wohnung die Nässe vom Dach her spüren. Ich sträubte mich gegen diese Wohnung.

Bei der Wohnungsbesichtigung dieser Dachwohnung erfuhr ich von einem Hauseinwohner, dass es genau darunter noch eine leere Wohnung im ersten Stockwerk gab, die im Grundschnitt fast genauso war. Ich ging sofort auf das Wohnungsamt und kämpfte um jene Wohnung.

Endlich hatte ich es erreicht. Ich erhielt die Besichtigungskarte dafür und entschloss mich trotz vieler notwendiger Reparaturen und Sanierungsarbeiten, diese Wohnung zu nehmen. Es war für mich eine Luxuswohnung – Balkon, Innentoilette, Bad in der Küche.

Nun hieß es jede freie Minute Wohnung ausbauen! So mussten zum Beispiel die Fenster von vier übereinanderliegenden Farbschichten befreit werden, bevor ich einen neuen Farbanstrich durchführen konnte. Dann der Kampf um die Genehmigung für den Bau eines Kachelofens mit Luftheizung beim Bezirksschornsteinfeger. Danach war es notwendig, einen Wanddurchbruch vom Wohnzimmer zur Küche durchzuführen, da dieser Ofen in der Lage war, zwei Zimmer gleichzeitig zu beheizen. Ich musste zwei Berliner Öfen abreißen und einen alten Badeofen beseitigen. Fast ein Jahr lang bemühte ich mich um den Kauf eines 80-Liter-Druckwasserboilers, den ich für den Badebereich in der Küche benötigte.

Zur Erklärung: Dieser Teil der Küche war nicht mit Dielenbrettern versehen, sondern mit einem sogenannten Steinholzfußboden, einer zementartigen Masse. Darauf standen die Badewanne und der alte Badeofen. Letzteren wollte ich unbedingt mit einem modernen Wasserboiler ersetzen. Der andere Teil des Raumes war die Küche.

Für den von mir durchzuführenden Teilausbau meiner Wohnung benötigte ich alle Richtungen von Handwerkern und das ohne Beziehungen. Monatelang bettelte ich um Termine bei Klempnern und Elektrikern, welche mich irgendwie überhaupt nicht mochten. Da in der Wohnung die Aufputz-Elektrik verlegt war, noch aus der Kriegszeit, benötigte ich einen Elektriker, der neues Unterputz-Kabel verlegte. Ich musste die gesamten Leitungsschächte in den Räumen selbst aufstemmen und später wieder zuschmieren. Das war nicht Sache des Elektrikers. Geld für einen zusätzlichen Maurer hatte ich nicht.

Die Toilettenbeckenerneuerung brachte ein neues Problem, denn ich benötigte auch noch einen Tischler und Dielenbretter. Mir gelang es, mit Betteln und Bitten über Monate alle Arbeiten und Handwerker gut zu organisieren und zu bekommen. Manchmal musste ich auch Tränen sprechen lassen, damit mir, einer alleinstehenden jungen Frau, jemand half.

Nachdem die Ausbauarbeiten weitgehend erledigt waren, hieß es Tapeten und Farbe kaufen. Nun war Malern angesagt. Ich verbrachte einige Wochen damit, die gesamten Räume zu tapezieren und mit Farbe anzustreichen. Es war schon Wahnsinn, was ich damals alles zuwege brachte.

Eine große Unterstützung war mein Moped, welches ich mir irgendwann zugelegt hatte. Meine grüne Schwalbe brachte mich überallhin, zu den Handwerkern oder wenn ich irgendwo Material holen musste.

Im Februar 1990 konnte ich in meine Wohnung einziehen. Eines der ersten Haushaltsgeräte, welches ich mir noch vor dem reellen Einzug kaufte, war ein Waschvollautomat. Das war der modernste, den es in der DDR zu dieser Zeit gab. Das war mein ganzer Stolz. Ich besaß nach meiner Scheidung jahrelang nur ein Waschbrett. Mitte der achtziger Jahre nutzte ich eine gebraucht gekaufte WM64.

Endlich konnte ich in meiner neuen Wohnung, in die ich meine ganze Kraft gelegt hatte, richtig, ohne Schimmelpilz und Nässe, leben.

Das Verhältnis zu meinem Freund entsprach manchmal einer Wechselstromkurve. So fiel es ihm, nachdem ich mit meiner Wohnungssanierung fertig war, ein, mich zu fragen: „Was hältst du davon, wenn wir zusammenziehen, in meine Wohnung?"

Da war ich natürlich entsetzt und stur. Ein Jahr lang schuftete ich im wahrsten Sinne des Wortes allein, um diese Wohnung auszubauen, ohne große Hilfe von meinem Freund, da ihn das nicht interessierte. Endlich war alles unter großen Mühen fertiggestellt und jetzt sollte ich alles aufgeben? Das kam für mich absolut nicht infrage. Bekannte fragten sich: Was ist das für eine Beziehung? Aber es war, wie es war, und es blieb alles so, wie es war! Wir hatten weiterhin jeder eine Wohnung und nutzten beide.

Im Herbst 1989 führten wachsende Spannungen in der DDR zum Sturz der Regierung und zur Öffnung der Berliner Mauer. Es kam zur friedlichen Revolution in der DDR, wodurch die Wende vom Herbst 1989 zum Frühjahr 1990 vollzogen wurde. Gerade in Leipzig spitzte sich die Situation im Sommer 1989 stark zu. Gründe dafür waren die Kommunalwahlen in der DDR und das Massaker in China auf dem Platz des Himmlischen Friedens. Noch größere Wirkung hatte der gewaltige Strom von Ausreisenden über die Botschaften der BRD in Prag und Warschau und nicht zuletzt die Grenzöffnung in Ungarn. Mein Freund und ich waren uns aber einig, dass wir die DDR nicht verlassen, sondern abwarten würden, was geschähe.

Nach wie vor war ich interessiert an Auslandsreisen. Im Herbst 1989 erfuhr ich, dass die selbstständigen Handwerker und Gewerbetreibenden beim Rat des Bezirks Leipzig Reiseanträge in kapitalistische Länder einreichen konnten und es ihnen auch gestattet wurde, in diese Länder zu reisen. Dort musste ich auch hin! Also ging ich zum Rat des Bezirks Leipzig in die entsprechende Abteilung und beantragte eine Reise für zwei Personen.

In diesem Zeitraum stand das Land Zypern zur Debatte. Der Reisepreis sollte pro Person 10.000 Mark der DDR betragen. Die Beamten horchten natürlich auf, als eine kleine Lehrausbilderin aus der Konsumgenossenschaft Leipzig so etwas beantragte. Aber man wies mich nicht ab. Die Bearbeitung des Antrages zog sich bis weit in das Jahr 1990 hin.

1990 erhielt ich auch mein erstes Auto. Den Antrag für ein Auto der Marke Trabant stellte ich im Jahr 1983. In jenem Jahr absolvierte ich in der Fahrschule die Autoprüfung. Es dauerte in der DDR immer zirka zehn bis fünfzehn Jahre, ehe man auf den gestellten Kaufantrag ein Auto bekam. Das störte mich nur bedingt, da ich sowieso nicht ausreichend Geld hatte, um mir ein Auto zu kaufen. Ich musste noch einige Jahre eisern sparen. Geplant war aber in jenem Jahr, dass ich meinem Bruder den gebrauchten Trabant Kombi abkaufen sollte, nachdem er sein neues Auto hatte. Doch es kam ganz anders.

Es war Juni 1990. Ich war zu dem Zeitpunkt auf Arbeit in der Berufsausbildung. Gegenüber unserem

Dienstgebäude kam es zu einem Verkehrsunfall und ein Polizist bat in unserer Abteilung um ein Telefonat mit seiner Dienststelle. Damals gab es nur öffentliche Telefonzellen.

Anschließend wechselten wir mit dem Polizisten noch einige private Worte. So auch über den bevorstehenden Kauf des gebrauchten Autos meines Bruders. Der Polizist gab mir den Tipp, dass das Autohaus in Leipzig, damals gab es nur eins, die Autos der Marke Trabant zu einem Schleuderpreis verkaufte. Es war kurz vor der Wende in der DDR und die Preise vieler Waren fielen ins Bodenlose.

Umgehend telefonierte ich noch am gleichen Tag mit dem Autohaus und reservierte einen Trabant de luxe. Statt 13.000 Mark der DDR hatte er einen Preis von 4.000 Mark erhalten. Ich wurde nach der Farbe gefragt. Vor Schreck wusste ich gar nicht, was ich sagen sollte, und mir fiel zum Glück ein, eine Farbe zu nehmen, wo der Schmutz nicht so schnell sichtbar wäre. Papyrusweiß war diese Farbe. Das Auto wurde für drei Tage reserviert.

Ja, wer sollte es dort wegfahren? Ich hatte selbst keinerlei Fahrpraxis mit einem Auto, nur mit dem Moped. Mein Bruder war zu der Zeit im Urlaub. Was tun? Mein Freund konnte nicht Auto fahren. Ich rief unseren besten Kumpel an, das war der Freund meines Freundes. Sofort erklärte er sich bereit, mir zu helfen. Ich traf mich mit dem Kumpel an dem betreffenden Abholtag und er fuhr den Trabant de luxe mit mir zusammen zu mir nach Hause.

Mein Auto war das allerletzte der DDR, welches aus dem Leipziger Autohaus herausfuhr. Etwa fünfzig

Kunden warteten noch auf den Anruf des Autohauses, falls ich den Trabant doch nicht nehmen sollte. Aber ich nahm mein Auto!

Wenige Tage später, nach der Rückkehr meines Bruders aus dem Urlaub, half er mir bei den ersten Fahrübungen. Allein traute ich es mir noch nicht zu. An einem Abend nach der Fahrübung, mein Bruder war schon weg, überwand ich mich und wollte mein Auto nur etwas besser parken. Ich fuhr aber einfach allein los und drehte eine kleine Runde mit dem Auto.
Es folgten jeden Abend weitere Fahrübungen mit längeren Strecken. Am darauffolgenden Wochenende fuhr ich das erste Mal allein bis nach Waldsteinberg, um meine Mutter zu besuchen. Das war eine ziemliche Überraschung, auch sah ich meiner Mutter die Angst an. Ich hatte damals nie Angst beim Autofahren. Wenn ich etwas falsch gemacht hatte, sagte ich mir: Das nächste Mal machst du es besser.

Mittlerweile war es Sommer 1990 geworden. Mit unserer geplanten Reise nach Zypern kam alles ganz anders, wie überhaupt sich alles im Jahr 1990 veränderte – durch die Wende. Irgendwann erfuhr ich vom Rat des Bezirkes Leipzig, dass sich die Reisemodalitäten durch den friedlichen Umsturz verändert hatten. Der Rat des Bezirkes hatte alle Anträge an das Leipziger Reisebüro übergeben. Mein Freund und ich entschieden uns, die geplante Reise nicht durchzuführen, sondern erst einmal abzuwarten, was hier im Land weiter geschehen würde.

Am 1. Juli 1990 kam es zur Währungsunion und die D-Mark wurde als gesetzliches Zahlungsmittel eingeführt. Der Umtauschkurs war 1:2 (1 DM:2 Mark der DDR). Es gab aber eine Sonderreglung. So konnten wir Privatleute ganz bestimmte Beträge 1:1 tauschen. Personen im Alter bis vierzehn Jahren wurde es ermöglicht, 2.000 Mark im Verhältnis 1:1 zu tauschen. Bis zum 60. Lebensjahr 4.000 Mark und über 60-Jährige 6.000 Mark. Stichtag war natürlich der Tag der Währungsunion. Auch ich konnte durch Verwandte, welche keinerlei Ersparnisse besaßen, meine Gelder fast alle 1:1 in DM tauschen. Die Verwandten beantragten Sparkassenbücher und überwiesen meine Ersparnisse als ihr eigenes Geld darauf. Vorher wurde abgesprochen, welchen Geldbetrag sie für dieses Entgegenkommen von mir erhalten sollten. Später, nach der Währungsunion, bekam ich alles in DM von ihnen zurück.

Die D-Mark wurde offizielles Zahlungsmittel.

Unser Land veränderte sich total. Natürlich auch die Reiseangebote. Mein Freund und ich entschlossen uns, erst im September 1990 Urlaub einzuplanen. Wir erhielten Busreiseangebote wie zum Beispiel zehn Tage Costa Brava Spanien mit Vollpension für 299 DM. Wir einigten uns auf so eine Busreise. Das war natürlich ziemlich stressig, über 24 Stunden mit einem Bus von Deutschland nach Spanien zu fahren. Aber so etwas hätte man sich ein Jahr vorher kaum erträumen lassen.

Es kamen natürlich nicht nur die positiven Dinge des Kapitalismus zu uns, sondern, wie wir eigentlich schon vorher immer gewarnt wurden, auch die vielen negativen Seiten, die meiner Meinung nach den Haupttenor darstellten. Die Freiheit und Reisefreiheit auf der einen Seite, aber die Arbeitsprobleme auf der anderen Seite. Es kam zu den ersten Firmenschließungen.

Auch meine Arbeitsstelle unterlag gewaltigen Veränderungen. Es kam zum Zusammenschluss der einzelnen Konsumgenossenschaften Leipzig Stadt, Leipzig Land, Delitzsch, Eilenburg. Plötzlich waren zu viele Lehrkräfte an Bord. Das hieß Entlassungen. Auch mich traf es. Ich bekam die Kündigung nach zig Jahren Betriebszugehörigkeit.

Durch den VdK Leipzig (Verband der Konsumgenossenschaft Leipzig) erhielt ich aber 1991 die Möglichkeit zu einer Weiterbildungsmaßnahme in Gosen bei Berlin. Ich belegte dort einen Lehrgang für Ökonompädagogen zur Ausbilder-Eignungsverordnung und legte eine erfolgreiche Prüfung als Trainer für den Ausbildungsgang Kaufmann im Einzelhandel ab. So durfte ich nach Bundesdeutschem Gesetz weiterarbeiten.

Durch die Betriebsschließungen vieler ostdeutscher Firmen wurden vom Staat gesetzliche Reglungen geschaffen, welche Weiterbildungsmaßnahmen über die Bundesagentur für Arbeit für die vielen Arbeitslosen zur Folge hatten. Dadurch sollten besonders in den Neuen Bundesländern die Strukturveränderungen gedämpft werden. Die privaten Bildungsinstitute schossen wie Pilze aus der Erde. Ich hatte großes

Glück, nach Beendigung meiner Weiterbildung sofort im Frühjahr 1992 in einem privaten Bildungsinstitut eine Anstellung als Handelslehrer zu finden. Dadurch war ich nur eine kurze Zeit ohne Arbeit.

Mir machte diese Aufgabe riesigen Spaß, obwohl ich meist mit meinem Auto nach Grimma oder Colditz fahren musste. Ich unterrichtete verschiedene Handelsfächer wie Lagerwirtschaft, Warenkunde, Verkaufstraining.

Diese Tätigkeit währte leider nicht sehr lange. Schon 1993 erfolgte ein gewaltiger Rückgang der Förderungen dieser Weiterbildungsmaßnahmen durch gesetzliche Festlegungen. Es begann überall, besonders bei uns in den Neuen Bundesländern, ein Firmensterben der kleinen und mittleren Bildungsinstitute. Ende Juni 1993 bekam auch ich die Kündigung von dem Bildungsinstitut. Ich wurde wieder arbeitslos.

Natürlich unterstützte mich mein Freund moralisch. An Heirat war auch in dieser Zeit nicht zu denken. Wer verheiratet war, war finanziell abgesichert und bekam noch schlechter Arbeit. Ich versuchte alles Menschenmögliche, um wieder eine Stelle zu bekommen. In der näheren und weiter entfernten Gegend stellte ich mich in Betrieben vor. Aber es sollte nichts werden. Ich kam mir manchmal vor, als wäre ich leprakrank, so bedauernd sahen mich die Verantwortlichen der Firmen an.

Irgendwann erfuhr ich, dass das Handelsunternehmen „Kaufland" Pauschalkräfte als Verkäufer und Kassierer suchte. Ich meldete mich in dem Unternehmen und wurde stundenweise als Kassiererin innerhalb der Arbeitslosigkeit eingesetzt. Endlich fühlte ich mich wieder wohl, denn ich konnte wieder arbeiten. Das Unternehmen bot mir nach geraumer Zeit eine Teilzeit-Arbeitsstelle an, welche ich aber ablehnen musste. Ich benötigte eine Vollzeitarbeitsstelle, denn das Geld einer Stundenkraft reichte mir finanziell für Mietzahlung und so weiter nicht. Ich suchte krampfhaft immer weiter nach einer Vollzeitarbeit.

In der Tageszeitung entdeckte ich die Anzeige eines Möbelmarktes außerhalb der Stadt Schkeuditz. Ich bewarb mich sofort dort und erhielt einen positiven Bescheid.

Ab dem 1. März 1994 wurde ich im Bereich SB-Möbel als Verkäuferin eingestellt. Natürlich hatte ich mich total unter Wert verkauft, aber ich hatte keine Chance mehr im Bildungswesen. Diese Arbeit beinhaltete das Herausgeben von verpackten Einzelteilen von entsprechenden Möbeln wie Computerschränken, Tischen, Stühlen, Regalen und so weiter. Das war eine körperlich sehr schwere Arbeit.

Dazu kam, dass die einzelnen Mitarbeiter noch schlimmer als Hund und Katze waren. Jeder war des anderen Teufel. Diese Tätigkeit war für mich der psychisch schlimmste Job in meinem Leben. Untereinander gab es nur Gehässigkeiten und Intrigen. Es war ein extrem hartes Arbeiten. Schon nach kurzer Zeit bei der geringsten Sache fing ich an zu heulen und war mit den Nerven am Ende. Das konnte nicht so weitergehen! Also informierte ich mich ständig in Inseraten nach einer anderen Arbeit.

Mir fiel eine Stellenanzeige in der Zeitung auf. Es wurden Verkäufer für eine neu erbaute Tankstelle in Leipzig gesucht. Ich bewarb mich umgehend dort und bekam die Möglichkeit zu einem Vorstellungsgespräch. In der Zwischenzeit arbeitete ich natürlich in dem Möbelgeschäft weiter.

Ich erhielt eine Zusage für die Arbeit an dieser Tankstelle, wobei der Arbeitsbeginn durch Baumaßnahmen noch nicht völlig feststand. Ich entschloss mich, in dem Möbelmarkt schnellstens einen Schlussstrich zu ziehen.

Mit einer Kündigung per 30. April 1994 ging ich in die Personalabteilung. Mir war klar, dass ich durch die eigene Kündigung eine Geldsperre auf dem Arbeitsamt bekam, das nahm ich in Kauf. Ich begründete mein Weggehen mit der Schwere der Arbeit, der langen Arbeitszeit (ich war täglich von 7.30 Uhr bis nach 20.00 Uhr unterwegs) und der weiten Wegstrecke. Von den Intrigen erwähnte ich nichts.

Der Junior-Chef des Möbelmarktes sprach persönlich mit mir und wollte mich nicht gehen lassen. Er bot mir an, in einer anderen Abteilung zu arbeiten. In dieser Abteilung gab es aber nur Entlohnung auf Provision, so etwas konnte ich mir finanziell nicht leisten. Es hätte kaum zum Bezahlen meiner Miete gereicht. Er verstand meine Haltung und schlug mir vor, dass er mich kündigen würde. Dadurch würde ich keine Geldsperre auf dem Arbeitsamt bekommen und hätte es somit leichter. Hochachtung für so einen Chef! Von der Aussicht auf die neue Arbeit erwähnte ich vorsichtshalber aber nichts.

Der letzte Arbeitstag in diesem Unternehmen – planmäßiges Ende 15.00 Uhr. Die Abteilungsleiterin, welche ständig auf Intrigen aus war, übergab mir eine Arbeit, wodurch ich noch Überstunden leisten sollte. Aber Punkt 15.00 Uhr legte ich alles aus der Hand, verließ das Handelsunternehmen mit einem Druck weniger auf dem Magen – für immer!

Die Eröffnung der Tankstelle in Leipzig verzögerte sich noch um einige Wochen. Dadurch sollte mein Arbeitsbeginn erst am 2. Juni 1994 sein. Bis dahin unterstand ich wieder dem Arbeitsamt.

Ende Mai 1994 begann die Grundreinigung der Tankstelle. Am 2. Juni 1994 eröffneten wir unsere Tankstelle. Die Freude und die Aufopferung für die Arbeit sowie mein seelisches Gleichgewicht kehrten zurück. Meinem Freund ging ich auch nicht mehr so auf die Nerven. Natürlich war die Arbeit nicht immer ein Zuckerschlecken, Drei-Schicht-System, viele Überstunden, Arbeiten an Feiertagen. Aber es machte Spaß. Wir waren ein prima Team.

Mittlerweile wurde meine Wohnung unsere gemeinsame Hauptwohnung. Im gleichen Jahr kamen wieder tiefgreifende Veränderungen auf mich zu. Auf das Wohnhaus, in welchem ich wohnte, kamen Rückgabeansprüche – sogenannte Restitutionsansprüche von Vorbesitzern aus den Alten Bundesländern. Alle Mieter waren in Aufruhr. Was kam da auf uns zu?

Es wurde amtlich, wir wurden Privateigentum. Im September 1994 begannen Teilsanierungsarbeiten an den Wohnhäusern unserer Straße. Unser Haus war das allererste. Es sollte eine jahrelange Sanierung werden. Wenn ich daran denke, dass ich erst 1990 mit den Aus- und Umbauarbeiten meiner Wohnung fertig geworden war. Nun ging es wieder los. Die Sanierungsarbeiten betrafen Fenster-, Heizungs-, Sanitäreinbau, Elektroarbeiten, Fliesen im Küchen- und Sanitärbereich, Balkonab- und -neubau, Gestaltungen der Hausaußenbereiche – von September 1994 bis fast Ende des Jahres 1998.

Eine Fotochronik, die ich anlegte, zeigt mir heute noch diese vier Jahre Chaos in unserem Haus. Man könnte sich sonst gar nicht mehr vorstellen, was wir als Mieter ertragen mussten. Es war ja nur eine Teilsanierung, denn es wurden weder Fußböden in den Wohn- und Schlafbereichen noch die alten elektrischen Leitungen in diesen Räumen, die aus der Kriegszeit stammten, erneuert.

Unser Haus als erstes Gebäude, welches der neue Besitzer sanierte, war ein Versuchskaninchen. Nichts war richtig organisiert und fast keine Fachleute verrichteten die Sanierungsarbeiten. Vieles ging drunter und drüber. Beim Vorzeigen der Fotos schütteln meine heutigen Bekannten entsetzt den Kopf.

Mein Freund und ich näherten uns allmählich einer Entscheidung. Vielleicht sollten wir doch heiraten, schon aus Sicherheitsgründen, falls mal was passierte. Wir diskutierten über alles. Mein Freund, als Sternbild Skorpion, war gedanklich trotzdem schwer zu durchdringen.

Irgendwann sprachen wir konkret über unsere Heiratspläne. Damit mussten wir uns auch entscheiden, in welcher Wohnung wir künftig wohnen und welche wir aufgeben würden. Mein Freund hatte die moderne Zwei-Raum-Mietwohnung ohne Fahrstuhl und ohne Balkon in der vierten Etage. Ich hatte eine Zwei-Raum-Mietwohnung im ersten Stock mit Balkon, die ich ja mit unwahrscheinlich viel Mühe ausgebaut hatte und nun ab 1994 saniert wurde. Wir müssten über eine längere Zeit mit Schmutz, Lärm und vielen anderen Unannehmlichkeiten leben.

Mir war es letztlich völlig gleich, wo ich hinzog. Ich hatte große Angst bekommen, welche Mietkosten nach der Sanierung der Wohnung auf mich allein zukommen würden. Sie würden sicherlich gewaltig ansteigen.

Wir einigten uns auf meine Wohnung, schon wegen des Balkons und des niedrigeren Stockwerkes.

Als Nächstes beratschlagten wir den Ablauf unserer geplanten Hochzeit. Da wir uns das erste Mal am 26. Mai 1982 privat allein getroffen hatten, sollte die Hochzeit in etwa in diesem Zeitraum stattfinden. Ich schlug den 1. Juni 1995 – den Internationalen Kindertag – vor. Wir fanden diesen Termin lustig und mein Freund war damit einverstanden.

Ebenso unterbreitete ich meinem Freund die Idee, heimlich zu heiraten, schließlich war es ja bei uns beiden nicht die erste Ehe. Meine Mutter lag zu jener Zeit wegen einer Hüft-OP im Krankenhaus in Wermsdorf und wäre sowieso nicht dabei. Mein

Freund war auch damit einverstanden, ohne seine Mutter und seine Schwester zu heiraten. Nach der Heirat sollte gleich eine Hochzeitsreise stattfinden.

Gesagt, geplant, getan. Allerdings trat vor dem Termin der Eheschließung ein Problem auf. Wir benötigten zwei Trauzeugen. Was tun? Es erfuhr nun doch jemand von unserem Vorhaben. Wir weihten unseren Freund und einen Kumpel in unsere Pläne ein und baten sie, unsere Trauzeugen zu werden. So geschah es auch.

Dem Hochzeitstag am 1. Juni 1995 stand nichts mehr im Wege. Wir bestellten zum Mittag in einem Restaurant Plätze für die beiden Trauzeugen und uns und abends reservierten wir nur für uns beide in einem kleinen Chinarestaurant in der Nähe unserer Wohnung einen Tisch.

Es kam der Tag der standesamtlichen Trauung. Die Standesbeamtin, unsere Trauzeugen und wir beide waren im Trauzimmer. Die Zeremonie sollte beginnen, aber die Standesbeamtin sagte, dass Probleme aufgetreten seien. Sie legte uns dar, dass die Hochzeit noch nicht stattfinden könne. Es gebe ein Problem und es würde zu einer Verzögerung der Zeremonie kommen.

Die Heiratsunterlagen waren unvollständig, da mein Freund sich nicht richtig umgemeldet hatte. Die Zeremonie würde sich um etwa zwanzig Minuten verzögern. Das Standesamt erwartete ein Fax von einer Behörde. So saßen wir da und warteten. Mir ging durch den Kopf: Wenn es jetzt nichts wird, dann heirate ich nie mehr!

Die Zeit zog sich in die Länge, aber dann war es so weit und die Trauung begann. Aber was war? Die Musik funktionierte nicht – das nächste Problem. Endlich war auch dieses Dilemma beseitigt. Die Zeremonie konnte endlich beginnen. Wir waren in gewisser Weise froh, dass wir keinerlei Verwandtschaft bei dieser problemgebündelten Hochzeit dabeihatten.

Unser Freund teilte uns anschließend mit, dass er diese heimliche Hochzeit beinahe meiner künftigen Schwiegermutter mitgeteilt hätte, aber der zweite Trauzeuge hatte ihn zum Glück von diesem Vorhaben zurückgehalten.

Am nächsten Tag starteten wir unsere Hochzeitsreise und flogen nach Alanya in die Türkei. Auf allen Urlaubskarten teilten wir mit, dass wir ein „junges Ehepaar" seien. Dieser Urlaub war wunderschön.

Aus den Flitterwochen zurückgekehrt, erfuhren wir, dass meine Schwiegermutter von der Hochzeit erfahren hatte. Sie war ziemlich entrüstet. Der Zufall wollte es, dass sie mit ihren Freundinnen im Kleingartenverein, in dem sie einen Schrebergarten besaß, in der Kantine zum Mittagessen war. In dieser Gaststätte hielt sich auch der Musiker vom Standesamt Leipzig auf, er kannte die Mutter meines Ehemannes. So sagte er zu ihr, sie möge doch eine Runde geben auf die Hochzeit ihres Sohnes – da war die Bombe geplatzt.

Im Nachhinein hat sie die Hochzeitsfotos nie angesehen, was mich nicht allzu sehr gestört hat.

Finanziell wurde in unserer Ehe entschieden, dass wir getrennte Gelder behalten. Das wollte mein Mann so. Ich war dadurch natürlich benachteiligt, denn mein Verdienst war viel geringer. Daran konnte ich aber nichts ändern.

Gemeinsame Kinder hatten wir nicht. Mein Mann hatte aus erster Ehe ein Kind und wollte in seinem fortgeschrittenen Alter von fast 52 Jahren auf keinen Fall noch einmal Vater werden. Ich hatte mich damit schon während unserer Beziehung ohne Trauschein auseinandergesetzt und damit abgefunden. Schließlich hatte ich durch meinen Bruder einen Neffen, der 1980 geboren worden war.

Abenteuer und Liebe

Unsere gemeinsame Zeit eilte dahin. Wir lernten durch die Reisefreiheit allerhand Länder kennen. Gemeinsam bereisten wir zum Beispiel Spanien, Frankreich, Italien, Mexiko, Tunesien, Griechenland.

Da mich einige Länder interessierten, die meinem Mann gar nicht zusagten, weil es ihm zu stressig erschien, unterbreitete er mir den Vorschlag: „Fahr doch allein zu deinen Steinen – mich stört das nicht."

So begann ich 1997 mit meiner ersten Fernreise, welche ich allein nur mit fremden Reiseteilnehmern durchführte. Ich buchte eine achttägige Rundreise nach Ägypten. Da ich immer schon den Wunsch hatte, in dieses Land zu reisen, wurde es das erste Ziel nur für mich. Anschließenden Badeurlaub buchte ich aber nicht dazu.

Somit hatten wir noch genügend Urlaubstage zur Verfügung, um irgendwo gemeinsam eine schöne Zeit zu verbringen. Ich war meinem Mann für diese Möglichkeit des Alleinreisens sehr dankbar. Mir lag es auch absolut fern, im Urlaub Männergeschichten zu beginnen. Ich liebte meinen Mann.

Ich erinnere mich, dass schon bei dieser ersten Fernreise das Abenteuer im Gepäck saß. Während der Rundreise durch Ägypten bekam ich Probleme mit meinem Fotoapparat. Damals besaß ich noch keine digitale Kamera. Die Blende war verklemmt und viele Fotos waren dadurch nicht richtig gelungen. Trotzdem war es ein Traumurlaub. Es gab so viel zu sehen.

Ich erinnere mich an ein riesiges Abenteuer bei den Pyramiden in Gizeh, welches ich mit einigen Touristen unserer Reisegruppe erleben durfte. Wir besichtigten unter anderem die große Pyramide von Gizeh, die Pyramide des Cheops. Ich hatte durch Zufall erfahren, dass vier Reiseteilnehmer geplant hatten, die Wächter dieser Pyramide zu bestechen. Sie wollten unbedingt heimlich zur unvollendeten Grabkammer, der Felsenkammer, gelangen. Da ich mich zu Hause über Jahre mit der Geschichte Ägyptens vertraut gemacht hatte, fragte ich sie, ob ich bei dieser Sache mitmachen könne, da auch mich das wahnsinnig interessiere. Sie sagten zu und nannten mir den Preis, welchen wir den Wächtern bezahlen müssten.

Wir fünf Personen sonderten uns vorsichtig während der normalen Besichtigung von den anderen Reiseteilnehmern ab. Wir verhandelten mit den Wächtern an dem großen, vergitterten Eingang zum langen Korridor zu jener Felsenkammer. Danach kletterten wir über die Gitter hinweg und gelangten heimlich zu der unvollendeten Kammer. Für Touristen war das strengstens verboten.

Wir waren bei diesem heimlichen Tun ziemlichen Strapazen ausgesetzt. Teilweise rutschten wir auf Knien ganz flach die engen Steinkorridore entlang. Endlich gelangten wir an unser Ziel. Ich fotografierte Teile der Felsenkammer. Wahnsinn! Die gleichen Motive sah ich später in einer Zeitschrift, fotografiert von Erich von Däniken.

Verspätet und total k. o. gelangten wir zu unserer Gruppe zurück. Da ich fix und fertig war, nahmen wir das zum Anlass unserer Verspätung und erklärten, dass die anderen Teilnehmer mir geholfen hätten. Kein Mensch erfuhr etwas von unserer Extratour, denn wir wären nicht straffrei davongekommen.

Das war Abenteuer pur!

Am Tag des Rückfluges am 6. Februar 1997 war ich die Einzige unserer Gruppe, die in Luxor zum Flughafen gebracht wurde. Alle anderen hatten noch Badeverlängerung gebucht.

Es war nachmittags, das Flugticket zeigte an, dass das Flugzeug bereits gestartet war?! Ich stand allein und verlassen auf dem Flughafen. Normalerweise sollte mich ein Angestellter des Reiseunternehmens begleiten. Aber niemand holte mich ab. Ohne Englischkenntnisse war ich wie verraten und verkauft. Ich sprach deutschsprechende Leute an, ohne Erfolg. Der Mann im Infoschalter verstand mich nicht. Ich war den Tränen nahe.

Dann sagte ich zu mir: Bruni – du hast deinen Reisepass, Geld hat man dir auch nicht gestohlen und das Ticket ist auch noch vorhanden, irgendwie muss es gehen!

Ich kontrollierte jeden Reiseberater, der auf dem Flughafen mit einem Schild und dem Namen eines Reiseunternehmens an mir vorbeilief, in der Hoffnung, mein Reiseunternehmen zu entdecken. Endlich, als wieder ein Reiseberater meinen Weg kreuzte, sah ich auf der Rückseite des Hinweisschildes die Worte meines Reiseunternehmens – ich rannte ihm nach. Wir lagen uns fast in den Armen. Ich war selig, dass ich ihn gefunden hatte, er aber auch.

Nun ging nichts mehr schief und ich gelangte wohlbehalten wieder in meiner Heimat an – mit unwahrscheinlich vielen Neuigkeiten. Ich berichtete meinem Mann und allen Bekannten von meinen unvergesslichen Erlebnissen.

Im Jahr 1998 entschloss sich mein Mann, mit 55 Jahren in den Vorruhestand zu gehen. Die Deutsche Bahn, ehemals Deutsche Reichsbahn, wo er schon seit der Lehrzeit tätig war, bot diese Regelung an. Er bekam eine akzeptable Abfindung, die wir als zusätzliche Rente bei der Sparkasse für ihn anlegten.

Da er kaum Hobbys hatte, außer dem Kleingarten seiner Mutter, wusste er nun oft nichts Sinnvolles mit sich anzufangen. Zumal ich im Kleingarten trotz meiner Schichtarbeit den Hauptanteil an der Arbeit hatte. Bier trank mein Mann immer schon gern und reichlich, aber allmählich kamen hochprozentige Getränke dazu. Dadurch begannen wir uns oft über Kleinigkeiten zu streiten. Irgendwie war der Wurm in unserer Ehe. Es lief mal besser und mal schlechter, der Alkohol war bei meinem Mann aber stets ein Thema. Er wurde trotzdem kein Alkoholiker. Er war auch nie bösartig zu mir, wenn er einen über den Durst getrunken hatte.

Im nachfolgenden Jahr reiste ich auch wieder allein in die Ferne. Am 22. Januar 1999 begann meine Rundreise durch Thailand für zehn Tage. Mein Mann begleitete mich im Zug zum Abflugort nach Frankfurt am Main. Ich besaß immer noch keinerlei Englischkenntnisse. Auch dort hatte ich wohl das Abenteuer in den Koffer gepackt.

Während der Rundreise durch Thailand gelangte unsere Reisegruppe am Donnerstag, den 28. Januar 1999, auch an die burmesische Grenze. Ich war damals sehr fasziniert von Burma, dem heutigen Myanmar, da wir als Schulkinder Spielsachen zur Unterstützung in dieses Land geschickt hatten. Ich besaß auch lange Zeit ein Buch mit burmesischen Märchen. Auf dieser Reise wollte ich unbedingt burmesischen Erdboden betreten, das war mir ein tiefes Bedürfnis. Als Einzige unserer Reisegruppe wollte ich das an der Grenze verwirklichen.

An der Grenzstelle in Thailand gab ich meinen Reisepass ab und bekam einen Passierschein für Burma. Es ging nur über eine große Brücke, danach war ich in Burma. Dort wurde mir dieser Schein in einer Zollstelle abgenommen. Gleich in der Nähe war ein kleiner Markt, welchen ich mir ansah. Ich hatte nicht vor, lange Zeit auf diesem Landesboden zu verweilen, denn unsere Reisegruppe wollte ja weiter. Ich trat mit einer gekauften Musikkassette (die sich später in Deutschland als Leerkassette entpuppte) den Rückweg an und ging wieder über die Brücke nach Thailand.

Was ich nicht wusste: Ich benötigte den Passierschein zurück. An der Zollstelle in Thailand angelangt, bekam ich meinen Reisepass nicht zurück. Sie erklärten mir etwas auf Englisch, was ich aber nicht verstand. Mit den Händen zeigten sie mir, dass sie das Formular benötigten. Ein Albtraum – ich musste zurück nach Burma und hetzte über die Brücke. Ich war mir aber gar nicht sicher, in welchem Gebäude ich das Formular zurückholen musste. An einem Gebäude angelangt, kamen mir schon lachend Beamte entgegen. Ich erhielt meinen Passierschein zurück und sprintete im Dauerlauf hochrot und k. o. nach Thailand. Alles ging gut. Der Urlaub war gerettet.

Am Tag der Ankunft in Deutschland holte mich mein Mann in Frankfurt am Main wieder ab und wir fuhren gemeinsam mit der Bahn zurück nach Leipzig.

Im gleichen Jahr zum Jahresende erwartete die Welt ein riesiges Ereignis. Es kam zur Jahrtausendwende. Ich erinnere mich an eine wunderschöne Begebenheit mit meinem Mann an diesem denkwürdigen Tag.

Silvester, der 31. Dezember 1999. Ich hatte Spätschicht an der Tankstelle. Kurz nach 23 Uhr gelangte ich nach Hause. Ich trat in das Wohnzimmer ein, mein Mann hatte unser Zimmer wunderschön geschmückt und leckeres Essen und Getränke standen schon parat. Das war für mich die schönste und beeindruckendste Silvesterfeier, die ich je erlebt habe.

Und wieder verging eine sehr lange Zeit, die wir im normalen Alltag verbrachten.

Eine weitere Reiseepisode erlebte ich im Jahr 2001. Am 23. Januar 2001 unternahm ich wieder eine Rundreise allein. Diesmal ging es neun Tage nach Kenia. Mein Mann begleitete mich wieder bis zum Flughafen. Kurz vor Reisebeginn hatte ich einen einwöchigen Schnellkurs in Englisch an der VHS abgeschlossen.

Wie selbstverständlich hatten sich schon wieder Probleme im Reisegepäck eingenistet. Am ersten Tag in Mombasa ging mein Fotoapparat aus irgendwelchen Gründen kaputt. Er war noch ziemlich neu. Ausgerechnet in Kenia. Ich konnte mir im Hotel nur eine Wegwerfkamera kaufen.

Im Hotel das nächste Missgeschick. Es passierte Folgendes: Da ich von Natur aus sparsam bin, hatte ich eine leider nicht so gute Idee. Ich schaltete im Zimmer die Klimaanlage aus, da ich der Meinung war, wenn ich mich am Meer aufhalte und baden gehe, benötige ich diese Anlage nicht. Als ich wieder ins Zimmer kam, war alles voll Mücken. Ich bekam riesige Angst – oh je, jetzt bekomme ich Malaria! An den Fenstern entdeckte ich, dass die Fenster keine Scheiben hatten, sondern nur schmale Glasbänder und dazwischen war Luft.

So packte ich mein Englischwörterbuch und lief zur Rezeption. Dort legte ich mit einigen Brocken Englisch, die ich gelernt hatte, mein Problem dar. Der Rezeptionist beruhigte mich und sagte mir, dass abends alles wieder in Ordnung sein würde. So war es zum Glück auch.

Natürlich durfte mir ein drittes Missgeschick auf dieser Reise nicht fehlen. Das passierte nach dem Rückflug in Frankfurt am Main auf dem Flughafen. Mein Flugzeug landete nicht planmäßig und ich kam wesentlich später mit meinem Gepäck am Ausgang an. Wo war mein Mann? Er wollte mich doch abholen. Ich suchte ihn überall, fand ihn aber nirgends. Damals hatten wir noch kein Mobiltelefon. Ich begann zu weinen und war todunglücklich, hoffentlich war nichts passiert!

Am öffentlichen Telefon des Flughafens versuchte ich zu Hause anzurufen. Niemand nahm den Hörer ab. Was tun? Ich lief zur Auskunft, ließ ihn ausrufen, aber nichts. Was sollte ich tun?

Heulend entschloss ich mich nach einer Ewigkeit, allein zum Bahnhof Frankfurt zu fahren, es war bereits nach Mitternacht. Ich wusste, wann der letzte Zug nach Leipzig fuhr. Als ich auf dem Bahnhof ankam, suchte ich den betreffenden Bahnsteig. Was entdeckte ich dort? Mein Mann stand allein und tieftraurig am Bahnsteig. Das war das Schönste für mich. Wir liefen uns in die Arme und weinten alle beide, glücklich, dass wir uns wiederhatten.

Es stellte sich heraus, dass er nicht gehört hatte, dass der Flieger mit Verspätung landen würde. Er hatte gedacht, ich käme nicht wieder zurück nach Deutschland und bliebe weg. Keine Ahnung, wie er auf so etwas kommen konnte.

Als Geschenk überreichte ich ihm eine kleine Stoffgiraffe, ich hatte irgendwann erfahren, dass das als Kind sein Lieblingsspielzeug gewesen war. Die kleine Giraffe besitze ich heute noch.

Nach diesem Urlaub begann ich mit Absprache meines Chefs in der Volkshochschule einen Weiterbildungskurs in Englisch. Ich nehme in der heutigen Zeit noch immer an solchen Kursen teil. Über die Jahre ist an den Sonnabendvormittagen in der VHS ein wunderbares Team entstanden und es bereitet allen großen Spaß, gemeinsam Englisch zu lernen.

Liebe und Hoffnung

Gesundheitlich hatte mein Ehemann seit längerer Zeit Probleme. Er war Diabetiker und musste verschiedene Medikamente einnehmen. Es war Anfang März des Jahres 2001. Ich hatte schon seit einigen Tagen das Gefühl, dass mit meinem Mann etwas nicht stimmte. Er erwähnte, dass auf dem Dach des Hauses gegenüber einige Leute gewesen wären und sich dort irgendetwas ereignet hätte. Das kam mir eigenartig vor, aber ich dachte nicht weiter darüber nach.

In dieser Zeit kam ich nachts wieder einmal von der Spätschicht nach Hause. Am darauffolgenden Tag sollte ich sogenannten Kurzen Wechsel haben, das hieß gleich wieder eine Frühschicht an der Tankstelle am nächsten Tag. Mein Chef wollte in Urlaub fahren. Da ich die Urlaubsvertretung übernehmen sollte, war diese Schicht in jener Art notwendig.

Mein Mann lag im Bett und ich begab mich auch zur Ruhe. Plötzlich erzählte er mir irgendwelche unklaren Dinge, die vollkommen unreal waren. Ich machte das Licht an und sah seine Augen irre blicken. Sofort wusste ich, da stimmt etwas nicht – aber was? Ich wollte den Notdienst anrufen, er nahm mir das Telefon weg und wollte mich hindern. Ich begann zu heulen. Er brauchte Hilfe!

Endlich gelang es mir, den Rettungsdienst anzurufen. Danach klärte ich alles mit meiner Arbeitskollegin. Es war grausam. Der Rettungsdienst kam. Sie stellten fest, dass er unterzuckert war und einen sogenannten Zuckerschock erlitten hatte. Sie gaben ihm eine Spritze. Aber sie überließen ihn mir zu Hause.

Nun musste ich alles selbst klären. Hausarzt bestellen, Chef informieren und am nächsten Morgen zur Arbeitsstelle fahren. Zum Glück konnte ich etwas später an der Tankstelle erscheinen, ohne dass größere Probleme auftraten. Vorher stellte ich die Zuckerdose ans Bett meines Mannes und wies ihn an, jede Stunde einen Teelöffel Zucker zu nehmen, bis der Arzt käme. Ich durfte regelmäßig von meiner Arbeitsstelle zu Hause anrufen, um zu erfahren, ob alles okay war.

Die Ärztin kam erst nachmittags. Ich war darüber ziemlich entrüstet. Aber es ging alles noch mal gut. Wenn ich an jenem Tag Nachtschicht gehabt hätte, wäre mein Mann gestorben.

Bei anschließenden ärztlichen Untersuchungen im Krankenhaus stellten sie bei ihm Wasser im Bauch fest und durch Zufall entdeckten sie einen bösartigen Tumor im Dickdarm. Das hieß Krebs! Er kam ins Krankenhaus in die Leipziger Uniklinik. Es erfolgte die OP mit Verlegung des Darmausgangs an den Bauch.

Nach dem Krankenhausaufenthalt wurde er die erste Zeit regelmäßig von einer Krankenschwester zu Hause betreut, bis wir beide in der Lage waren, mit dieser Darmverlegung umzugehen. Ich unterstützte meinen Mann absolut und ich denke, er wusste, dass er sich voll auf mich verlassen konnte. Ich wurde seine Krankenschwester Bruni. Bei irgendwelchen Problemen konnte er mich Tag und Nacht rufen. So wechselte ich die gefüllten Beutel oder Platten. Auch bei größeren Missgeschicken, wenn ein Beutel platzte und der gesamte Inhalt des Dickdarms irgendwo im ganzen Bad klebte und es bestialisch stank, war ich zur Stelle. Ich hatte damit keinerlei Probleme.

Im gleichen Jahr starb seine achtzigjährige Mutter im Nexö-Pflegeheim an den Folgen des Brustkrebses, mit dem sie über Jahre Probleme gehabt hatte. Vor längerer Zeit hatte sie beide Brüste abgenommen bekommen.

Mein Mann wollte mit dieser Darmverlegung aber nicht leben. Er befasste sich ständig mit der Rückverlegung. Sein Ziel war es, wieder Urlaubsreisen durchführen zu können. Sein großer Traum war eine USA-Reise zu seinem sechzigsten Geburtstag im Jahr 2003. Er studierte alle möglichen Reisekataloge. Mit seinen Ärzten klärte er ständig ab, wann er die Rückverlegung starten könne.

Ich kam als Begleitperson bei Arztbesuchen mit einigen Patienten zusammen, die das gleiche Dilemma wie mein Mann hatten. Ich kann mich erinnern, dass ein Mann sagte, er verzichte auf die Rückverlegung und lebe lieber mit der Darmverlegung, denn damit könne man recht und schlecht leben. Er habe oft gehört, dass die Rückverlegung schiefgegangen war und derjenige das nicht überlebt hatte.

Ich wusste das auch von meinem Großonkel, denn der wurde mit solch einer Darmverlegung über 91 Jahre alt. Aber mein Mann wollte so etwas nicht akzeptieren.

Irgendwann überzeugte mein Mann mich, für ein paar Tage eine Busreise zu unternehmen, damit ich mich etwas von der Pflegeaufgabe erholen könnte. Täglich nach oder vor meiner Berufstätigkeit kümmerte ich mich um ihn. Ich war einverstanden und wollte nur ein paar Tage in die Schweiz reisen. So buchte ich vom 2. bis 6. Oktober 2002 eine Busreise.

Im September gestand er mir, dass er mit dem Arzt in der Zeit meiner Reise die Rückverlegung des Darms vereinbart hatte. Ich war entsetzt darüber und wollte nicht fahren. Er machte mir Vorhaltungen.

„Willst du meine Hand halten?"

„Ja", sagte ich.

Wir stritten uns sehr darüber, aber er blieb bei dem Termin. Ich fuhr ihn einen Tag vor meiner Abreise ins Krankenhaus. Er begleitete mich zur Verabschiedung noch bis zum Auto. Am nächsten Tag brach ich auf und auch seine OP stand an. Abends rief ich im Krankenhaus an – alles okay.

Doch am nächsten Abend – ich war wieder am Telefon in der Schweiz – teilte mir das Krankenhaus mit, dass etwas Schreckliches passiert sei. Mein Mann war zusammengebrochen, hatte reanimiert werden müssen und war anschließend ins Koma gefallen.

Was sollte ich tun? Ich war mit einem Busunternehmen in der Schweiz und konnte nicht sofort zurück. Ich telefonierte mit seiner Schwester und mit unserem Freund. Mit ihm vereinbarte ich, er würde in der Nacht meiner Rückkehr nach Leipzig mit seinem

Auto am Bus warten und mich ins Klinikum fahren. So machten wir es auch.

Ab dem 6. Oktober 2002 verbrachte ich jede freie Minute vor oder nach der Arbeit auf der Intensivstation des Krankenhauses bei meinem ins Koma gefallenen Ehemann. Ich sprach mit ihm, dass heißt, ich erzählte alles, was ich erlebte, in der Hoffnung, er würde bald aufwachen. Irgendwann sagten mir die Ärzte, dass sie die Aufwachphase eingeleitet hätten. Es kam aber zu Problemen. Ich gab die Hoffnung trotzdem nicht auf!

Sonntag, der 20. Oktober 2002 – sechs Tage vor seinem 59. Geburtstag. An dem Tag teilte man mir mit, dass es größere Probleme mit der Funktion der Organe gebe. Ich verbrachte wieder Stunden an seiner Seite. Abends schickte man mich nach Hause mit der Maßgabe, ich solle mich etwas ausruhen. Gegen 20.00 Uhr bekam ich einen Anruf von der Klinik. Mein Mann war gestorben. Grausam!

Ich verständigte seine Schwester und rief auch bei meiner Mutter an. Sie lebte zu dieser Zeit schon lange zur Pflege in der Wohnung meines Bruders wegen ihrer vielen Knochenbrüche und der Kunsthüfte. Danach fuhr ich ins Krankenhaus. Ich sah ein letztes Mal meinen Mann. Meine große Liebe!

Seine Schwester und ihr Mann kamen ebenfalls in die Klinik, um Abschied zu nehmen. Anschließend wurde ich auf der Straße von ihnen allein stehen gelassen. Ich konnte lange Zeit nicht losfahren, heulte stundenlang und war tieftraurig.

Nach Mitternacht endlich zu Hause angelangt, nahm ich die Gelben Seiten zur Hand und suchte ein Bestattungsunternehmen in meiner Nähe. Ich musste am nächsten Morgen dorthin! Ich war fix und fertig und hatte das Liebste verloren.

Allein!

Ich kam mir so verloren und unnütz vor. Ich war nicht in der Lage, zu meiner Arbeitsstelle zu fahren, und ließ mich über drei Wochen krankschreiben. So vieles war zu klären und zu erledigen. Keiner half mir dabei, selbst die Schwester meines Mannes nicht. Bei der Todesanzeige für die Tageszeitung unterlief mir ein Fehler, weshalb ich böse Worte von ihr bekam. Kein Anruf mit der Frage, wie es mir gehe. Unser Freund, der damalige Trauzeuge, rief mich immer mal an und tröstete mich mit lieben Worten.

Ich musste zig Formulare ausfüllen, bekam vom Notariat einen bitterbösen Brief, da ich noch kein Testament abgegeben hätte und mich dadurch strafbar mache. Dieser Brief kam am Tag der Beerdigung. Ebenso sollte ich alle Kleidungsstücke und Wertsachen meines Mannes bewerten.

Auf dem Notariat zweifelten sie das Testament meines verstorbenen Mannes an, da es in einer Art Druckschrift geschrieben war. Das war aber seine Art zu schreiben.

Ich konnte kaum noch einen klaren Gedanken fassen. Mir wurde alles zu viel. Eines Abends war ich fix und fertig, am liebsten hätte ich, wenn ich es gekonnt hätte, mit meinem Leben Schluss gemacht. Da siegte aber meine Vernunft. Ich schlug kräftig mit der Faust auf meinen kleinen Tisch, sodass mir tagelang der Arm wehtat, und sagte zu mir: Bruni, du musst vernünftig bleiben! So hatte ich mich wieder aufgerappelt. Trotzdem brachte ich es lange nicht fertig, die Sachen meines Mannes auszuräumen.

Meine Mutter, welche schon eine längere Zeit bedingt durch ihren schlechten Gesundheitszustand infolge vieler Oberschenkelhalsbrüche und daraus resultierenden künstlichen Hüftgelenken bei meinem Bruder wohnte, schlug mir vor, in den Urlaub zu fahren, damit ich auf andere Gedanken komme. Das wollte ich erst gar nicht. Aber dann hörte ich auf sie.

So reiste ich am 2. Dezember 2002 für acht Tage nach Zypern. Dort bekam ich aus heiterem Himmel Probleme mit einem Arm, den ich innerhalb kurzer Zeit wegen Schmerzen kaum bewegen konnte. Ich besorgte mir in der Apotheke Tabletten, dadurch wurde es besser. Damals wusste ich noch nicht, dass das die ersten Anzeichen für meine rheumatische Erkrankung wegen der nervlichen Belastungen durch den Tod meines Mannes waren.

Das Leben als Witwe ging weiter, ich benötigte lange Zeit, um den Tod meines Mannes zu verdauen, ich glaube, ich habe es bis heute noch nicht richtig geschafft. Vielleicht gelingt so etwas nie?

Das Allerwichtigste wurden für mich die Reisen. Dafür begann ich wieder zu leben. Ich legte keinen großen Wert auf tolle Möbel und modernes Wohnen. Mein Geld gab ich für Reisen aus. Denn nur eines konnte ich finanziell stemmen, entweder Reisen oder eine schicke Wohnung, in der ich allein saß. Ich entschied mich für die Reisen und bereute es nie.

Auch an der Tankstelle, wo ich beschäftigt war, trat in jenem Jahr eine Veränderung ein. Wir bekamen einen neuen Chef, das heißt eine Chefin. Irgendwie kam ich nie richtig mit ihr klar. Als mein Mann starb und ich über drei Wochen krank war, teilte sie mir zum Beispiel mit, dass ich meinen Resturlaub nur anteilig bekommen könne, denn dazu sei keine Zeit mehr. Der Rest werde ausgezahlt. Das war die Achtung vor einem Menschen, der das Liebste verloren hatte! Aber ist das nicht auch die heutige Zeit?

Ich bekam auch später Probleme mit der Chefin. Ordnung und Sauberkeit waren bei unserem vorherigen Chef oberstes Gebot. Das traf unter der neuen Geschäftsführung leider nicht mehr wirklich zu. Einige neu eingestellte Kollegen waren sehr liederlich und ihnen war völlig egal, wie es in der Tankstelle aussah. Die Chefin störte das offensichtlich auch nicht sehr. Ich äußerte mich darüber mit harten Worten. Sicher hätte ich diese Äußerung unterlassen müssen, aber es war passiert.

Gleich am nächsten Tag lag ein Briefumschlag für mich von der Chefin parat. Ich bekam eine Abmahnung mit der Maßgabe einer Änderungskündigung auf eine niedrigere Stundenzahl. Den Mut, mir das persönlich zu übergeben, hatte sie offensichtlich nicht.

Damit musste ich mich abfinden, denn in einem Unternehmen mit geringer Arbeitskräftezahl gab es zu dieser Zeit kaum Rechte für die Arbeitnehmer. Das Arbeitsgericht riet mir, diese Veränderung und die Abmahnung anzunehmen, sonst würde ich gekündigt werden.

Das tat ich dann auch und suchte mir noch einen Nebenjob – ich musste Werbeprospekte zusammenlegen. Dieser Nebenjob war ziemlich anstrengend, machte aber Spaß. Es kam bei der Arbeit auf Schnelligkeit an, je mehr Prospekte bearbeitet wurden, desto mehr Geld konnte ich erhalten. Mir gelang es, dort im Durchschnitt stündlich fünf Euro netto zu verdienen.

Den Lohn musste ich aber im wahrsten Sinne des Wortes eintreiben. Der Chef dieses Unternehmens hatte eine sehr miese Lohnzahlungsmoral. Wir warteten ständig auf unsere verdienten Gelder. Nachdem ich ihn mehrmals telefonisch und schriftlich darauf hingewiesen hatte, dass mir immer noch Geld von drei Monaten fehle, drohte ich mit der Veröffentlichung seiner Moral in der Bildzeitung.

Mir war bekannt geworden, dass er auch eine Reihe von Schwarzarbeitern beschäftigte. Vor dieser Offenlegung hatte er wahrscheinlich große Angst. Er rief mich an und fragte, ob ich schon bei der Zeitung gewesen sei, er habe das mir zustehende Geld überwiesen.

Im Jahr 2004 kam meine Mutter bedingt durch ihren Gesundheitszustand in ein Pflegeheim, in welchem sie im Dezember 2004 verstarb.

Gesundheitlich bekam ich immer mehr Probleme mit meinen Gelenken. Die Ärzte stellten Chronische Rheumatische Arthritis fest. Ich wurde zu einem Facharzt überwiesen, welcher die Behandlung meiner Krankheit übernahm. Ich musste Medikamente einnehmen, die ich heute noch benötige.

Irgendwann versuchte ich wieder einen netten Mann kennenzulernen. Ich begann erneut auf Anzeigen der Tageszeitung zu antworten oder selbst einige Annoncen aufzugeben. Ich traf mich in den Jahren dieser Suche mit einigen Männern.

Bei der allerersten Anzeige fiel es mir höllisch schwer, mit demjenigen telefonisch in Verbindung zu treten. Ich brauchte einige Tage, um den Mut aufzubringen anzurufen. Zwanzig Jahre lang kannte und liebte ich nur meinen Mann.

In den Jahren der Suche nach einer neuen Beziehung gelang es mir nur einmal über eine kurze Zeit einen neuen Freund zu gewinnen. Sicher war ich zu prüde, vielleicht spielte auch das Kindheitserlebnis eine Rolle.

Durch eine Anzeige in der Tageszeitung lernte ich im Jahr 2006 einen netten Herrn kennen, der am Tag des ersten Treffens wegen einer OP mit Krücken laufen musste. Die Ursache war mir nicht bekannt, er teilte es mir auch nicht mit. Meine gesundheitlichen Probleme infolge des Rheumas legte ich ihm gleich zu Anfang dar. Ich war der Meinung, dass vielleicht nicht jeder mit meiner Krankheit umgehen kann.

Wir verstanden uns sehr gut und unternahmen auch allerhand Kulturelles. An freien Wochenenden trafen wir uns entweder bei ihm in der Wohnung oder bei mir.

Irgendwann fragte ich ihn doch danach, welches gesundheitliche Problem er habe. Ich war schockiert über seine Aussage – er hatte Muskelschwund. Sicher hatte er diese Offenbarung vermeiden wollen. Ich konnte mit diesem Wissen über seine Krankheit nicht umgehen und wollte es auch nicht, hatte ich doch erst vor geraumer Zeit meinen Mann durch eine andere Krankheit verloren. Auch war mir bekannt, dass es gegen Muskelschwund kaum Hilfe gibt. Ich sprach mit meiner Schwägerin und meinem Bruder darüber. Letztlich stand für mich fest, dass ich diese Beziehung nicht weiterführen würde. Ich konnte es einfach nicht. Dieser Mensch war zwar sehr nett, aber …

Ende des gleichen Jahres stand bei mir eine Urlaubsreise auf dem Plan, die ich aber für mich allein gebucht hatte. Kurz vorher beendete ich meine Beziehung. Allerdings fehlte mir der Mut zur Ehrlichkeit, so schrieb ich ihm nur einen Brief. Darin legte ich dar, dass ich das Gefühl hätte, dass wir doch nicht so richtig zusammenpassen würden. Ich wagte es nicht, seine Krankheit zu erwähnen.

Auch als Mitglied in verschiedenen Singletreffs versuchte ich jemanden kennenzulernen. Aber irgendwie sollte es wohl nicht sein. Regelmäßig ging ich zu Tanzabenden im ehemaligen Kulturhaus Alfred Frank, auch Mätzschkers Festsäle genannt. Vielleicht würde ich dort wieder einen netten Partner kennenlernen. In diesem Haus hatte ich im Klub für Alleinstehende in der DDR-Zeit meinen Mann kennengelernt.

Diese Tanzabende sollten allerdings im Sommer des Jahres 2007 abrupt enden.

Das ist das Leben!

Das Jahr 2007 sollte nicht mein Glücksjahr werden. Ich hatte das Pech irgendwie gemietet.

Es war der 8. Juni 2007. Ein schöner Tanzabend war geplant. Wunderschöner Sonnenschein begleitete mich bei meiner Fahrt mit dem Auto zum Tanzlokal, allerdings mit sehr starker Sonneneinblendung. Als ich auf eine Hauptstraße fuhr, übersah ich eine Radfahrerin, die von meinem Auto touchiert wurde, das heißt, ich nahm es so an. Sofort stoppte ich auf der linken stadteinwärts führenden Fahrspur der Hauptstraße, wechselte aber danach auf die rechte Fahrspur herüber zur Radfahrerin, um mich um sie zu kümmern.

Sie lag auf der Straße. Fremde hatten schon die Polizei und den Notdienst angerufen. Ich war fix und fertig und heulte. Allerdings war mir nicht klar, dass ich einen Schock erlitten hatte. Mir war absolut nicht bewusst, dass ich vorher mit dem Fahrzeug auf der linken Fahrspur gestanden hatte. Mit dem Auto nun auf der rechten stadtauswärts führenden Fahrspur bei der gestürzten Radfahrerin war meine Schuld perfekt.

Das Unfallopfer war eine Russin. Ich fuhr nach den Formalitäten mit der Polizei sofort in das Krankenhaus, in welches sie gebracht worden war. Dort erfuhr ich, dass sie durch den Unfall einen Bänderriss am Fuß erlitten hatte. Ich sprach mit der Frau und gab ihr, da sie nicht im Krankenhaus bleiben musste, das Taxigeld und legte dar, dass ich mich um sie kümmern werde.

Am nächsten Tag suchte ich mir einen Rechtsanwalt meiner Autorechtsschutzversicherung und bat um Hilfe. Die Rechtsanwältin half mir sehr bei dieser Unfallsache. Die Bearbeitung dauerte über Monate, da das Unfallopfer lange Zeit krankgeschrieben wurde.

Ich besuchte sie regelmäßig zu Hause und brachte ihr bei dem Krankenbesuch immer eine Kleinigkeit mit. Ich kaufte ihr sogar einen Gutschein für einen Fahrradhelm. Meine Rechtsanwältin machte mir Mut und war sicher, dass ich durch diese gute Betreuung der Verletzten keinen Strafantrag bekommen würde.

Von Anfang an war ich total verwundert, wieso mein Auto auf der falschen Spur war, denn ich wollte ja in das Stadtzentrum. Ich konnte es mir nicht erklären und mich an nichts erinnern.

Nach Beendigung des Verfahrens hatte ich sehr großes Glück. Ich bekam nur eine Geldstrafe, musste einen Geldbetrag an einen gemeinnützigen Verein zahlen.

Da das der erste Verkehrsunfall in meinem Leben war, hatte er mich sehr viele Nerven gekostet. Wochenlange Schlaflosigkeit quälte mich weiterhin. Es war der reine Horror. Zumal ich mich ständig fragte, wieso mein Auto auf der falschen Spur stand.

An diesem Punkt möchte ich zeitlich etwas vorgreifen, denn im darauffolgenden Jahr, an irgendeinem Tag im Mai 2008, erschrak ich plötzlich und wusste, wie der Unfall passiert war. Die Radfahrerin war einfach vom Fußweg auf die Hauptstraße gefahren und hatte mich übersehen. Ich war nach dem Touchieren extra von der linken Hauptstraßenseite zu ihr auf die rechte Seite gefahren. Das nützte mir für das Rechtsverfahren natürlich nichts mehr, das war abgeschlossen. Aber nun wusste ich, dass ich einen Schock und damit über Monate einen Gedächtnisverlust erlitten hatte.

Im gleichen Jahr, am 18. Oktober 2007, geschah der nächste Autounfall. Ich war auf der Rückfahrt aus der Nachtschicht, es regnete. Ich stoppte an einer Ampel, da diese auf Rot umschaltete. Im Rückspiegel sah ich einen Lkw, der auf mich zukam. Mein Gedanke: Er wird doch jetzt nicht etwa auffahren? Rums – er knallte auf mein Auto. Mein erst drei Jahre altes Auto hatte einen total demolierten Kofferraum. Aber ein Gutes hatte es, diesmal war ich nicht schuld. Natürlich war ich fix und fertig und heulte wie ein Schlosshund.

Ich hatte Glück im Unglück, durch das Wahrnehmen des Lkws vor dem Aufprall hatte ich mich etwas darauf eingestellt. Dadurch blieben mir wahrscheinlich größere gesundheitliche Probleme erspart. Zumindest hatte ich kein Schleudertrauma. Vielleicht hatte der Fahrer auch schon etwas abgebremst.

Mein Auto war zum Glück noch fahrbereit, so fuhr ich in meine Autowerkstatt, dort erhielt ich ein Leihfahrzeug. Ich musste ja abends wieder zur Arbeit an die Tankstelle. Die Werkstatt gab mir aber den Hinweis – so, wie das Auto aussehe, solle ich unbedingt zum Arzt gehen. Das machte ich auch. Mein Hausarzt untersuchte mich, aber mit mir war alles so weit in Ordnung. Ich hatte etwas Rückenschmerzen, aber nicht so arg. Ich konnte abends wieder zur Arbeit fahren.

Am nächsten Tag nach der Nachtschicht hieß es für mich, wieder zum Rechtsanwalt meiner Autorechtsschutzversicherung zu gehen. Da ich schuldlos war, hatte ich diesmal keine Probleme mit dem Rechtsanwalt. Dafür die mit meinem Auto. Die Reparatur dauerte einige Wochen. Danach bekam mein Auto den Hinweis „Unfallwagen" in die Akten. Das fast neue Auto! Die Reparaturkosten, welche die Versicherung des Verursachers zahlen musste, beliefen sich auf fast 8.000 Euro.

Das Jahr war leider noch nicht beendet. Ein nächster Autounfall sollte sich ereignen. Es passierte am 28. November 2007.

Ich fuhr abends wieder mal zur Arbeit, ich hatte Nachtschicht. An einer abbiegenden Hauptstraße musste ich nach rechts in eine Nebenstraße abbiegen. Ich hatte mich auch auf der rechten abbiegenden Fahrspur richtig eingeordnet. Neben mir stand ein größeres Auto, ein Ford Galaxis. Als die Ampel auf Grün umschaltete, fuhren wir beide los und jenes Auto touchierte meinen linken Seitenspiegel mit seiner rechten Seitenwand. Das Fahrzeug stoppte am Straßenrand der geradeaus führenden Fahrbahn. Ich wendete in der Seitenstraße, da ich das gesehen hatte, und fuhr zu dem Auto. Zwei Männer stiegen aus und schimpften auf mich ein, ich wäre schuld, da ich ihnen zu nah gekommen wäre. Ich war der Meinung, dass ich keine Schuld hatte. Aber selbst die herbeige-rufene Polizei vertrat die Meinung der beiden Män-ner.

Am nächsten Tag war für mich wieder ein Besuch beim Rechtsanwalt angesagt. Er machte mir sofort klar, dass ich sicher keinerlei Recht erhalten werde, da der zweite Mann ein Zeuge sei und ich allein. Also wieder schuldig. Es lief diesmal alles über meine Autoversicherung ab, so hatte ich keinerlei große Mühen. Danach stiegen natürlich meine Versiche-rungsgebühren für das Auto gewaltig.

War das ein normales Jahr? Drei Autounfälle: am 8., am 18. und am 28., zwar in verschiedenen Monaten, aber im gleichen Jahr.

Mein Bruder meinte: „Sei froh, dass es keinen 38. gibt." Ich denke, da hatte er völlig recht.

Seit jener Zeit hatte sich das Tanzen für mich erle-digt und ich hatte keinen rechten Spaß mehr beim Autofahren.

Die Verkehrsunfälle hatten ein Gutes für mich. Ich besaß bis zum Juni 2007 keinerlei Computertechnik. Mein Bruder überzeugte mich vom Kauf eines Lap-tops, da ich dadurch die Schreiben an die Behörden besser anfertigen und auch notwendige Fotos selbst ausdrucken könne. Ebenso sei es möglich, meine Urlaubsfotos selbst als Fotoshow auf einer DVD zu gestalten. Bisher hatte das immer mein Bruder ge-macht, seit ich mir im Jahr 2005 eine digitale Foto-technik zugelegt hatte. Allerdings führte er das in recht einfacher Form durch. Er überzeugte mich vom Kauf eines tragbaren PCs und half mir auch beim Kauf dieses Gerätes.

Ich begann mich intensiv mit der Technik zu befassen. So installierte ich ein ordentliches Fotoprogramm. Nach kurzer Zeit legte ich mir auch Internet zu. Notwendige Fotos meiner sich ereigneten Autounfälle konnte ich nun selbst ausdrucken.

Ich verbesserte mich ständig im Umgang mit dem PC, besonders bei der Gestaltung meiner Fotoshows. In der heutigen Zeit sind meine Urlaubsfotos und Videoclips ein Erlebnis mit Texten, Effekten und passender Musikuntermalung. Jede DVD ist eine kleine Geschichte meines Lebens.

Mein Leben ging weiter. Meine Freizeit verbrachte ich viel im Schrebergarten, den ich nach dem Tod meines Mannes für mich allein behalten hatte. Gartenarbeit bereitete mir viel Spaß, das ist auch heute noch der Fall.

Ab und zu unternahm ich etwas Kulturelles. Das war nicht so einfach bei meinem Beruf an der Tankstelle. Plante ich etwas und kaufte ein Ticket – plötzliche Dienstplanänderung, aus der Traum vom Theaterbesuch! Das ging aber allen Kollegen so. Dafür hatte ich auch Verständnis, denn die Arbeitsschichten mussten ja immer abgesichert werden. Das Einzige, was terminlich gut klappte, waren die genehmigten Urlaubstermine.

Im Jahr 2008 erlebte ich meine wohl verrückteste Reise. Ich buchte eine Reise nach Brasilien. Das heißt, eigentlich waren es drei Reisen, welche ich kombinierte. Der erste Teil war eine Städte-Rundreise mit Salvador de Bahia, Rio de Janeiro und Iguazu. Der zweite Teil ein tolles Hotel in Manaus für mehrere Tage. Zuletzt wollte ich natürlich den Amazonas erleben. So buchte ich diesen Teil auch noch dazu. Es war gar nicht so einfach, das im Reisebüro so zu organisieren.

Start war der 14. Januar 2008. Es begann schon in Leipzig auf dem Weg zum Flughafen abenteuerlich. Unterwegs war ein großer Verkehrsunfall. Alles dicht, aber der Taxifahrer war clever. Als Geisterfahrer fuhren wir auf der falschen Fahrbahnseite zum Flughafen in Leipzig. So kam ich pünktlich an. Das war wichtig, denn ich musste in Frankfurt am Main zum nächsten Flugzeug.

Unsere Reise in der Gruppe begann in Salvador de Bahia – total interessant. Danach flogen wir nach Iguazu zu den Wasserfällen – Wahnsinn! Am Freitag, den 18. Januar 2008, erfolgte der Flug nach Rio de Janeiro. Auf dem Flughafen erhielt ich meinen Koffer kaputt zurück. Ein Schloss war total abgeschlagen. Eigentlich sollte diese große Reise die letzte für diesen schon etwas älteren Koffer sein. Aber doch nicht zu diesem Zeitpunkt!

Ich versuchte mit dem Kofferservice des Flughafens in Rio alles abzuklären, die brasilianische Reiseleiterin half mir dabei. Gut, dass wir drei Tage in Rio de Janeiro verbrachten. Der Koffer wurde vom Hotel abgeholt, um ihn zu reparieren. Bei der telefonischen Klärung hatte ich Probleme, da mein Englisch nicht so gut war und Portugiesisch gesprochen wurde. Der Rezeptionist half mir.

Unsere Reisegruppe, die wirklich prima war, bot mir im Scherz an, einige Plastiktüten für meine Sachen zu borgen. Na ja, das war kein so guter Vorschlag, da ich noch einige Flüge vor mir hatte.

Am folgenden Tag bekam ich einen neuen Koffer. Der Rezeptionist konnte es sich natürlich nicht verkneifen zu sagen, dass ich sicher einen guten Tausch gemacht hätte. Ich denke, da hatte er völlig recht. Meine Rundreise war gerettet.

So unternahm ich mit einigen unserer Gruppe einen Helikopterflug über Rio, hautnah an der Christusstatue vorbei – Wahnsinn. Natürlich hatte ich bei dem Flug trotzdem höllische Angst.

Es war total aufregend in Rio, ob an der Christusstatue, auf dem Zuckerhut, im Sambódromo, an der Copacabana und im Meer oder am Ipanema Beach.

Am Montag, den 21. Januar 2008, trennten sich die Wege unserer Reisegruppe. Ich zog allein weiter, denn es hieß – jetzt geht es nach Manaus. Man könnte auch sagen, jetzt beginnt das Abenteuer pur.

Von Rio flog ich allein nach Brasilia. Überall verschiedene Zeitzonen. Ich wusste auf dem Flughafen von Brasilia gar nicht mehr richtig, welche Uhrzeit es tatsächlich war. Dadurch hatte ich fast Probleme mit dem Zeitpunkt des Weiterfluges nach Manaus. Aber auch die Nummer des Gates für den Flug wechselte mehrfach, sodass ich gar nicht mehr wusste, wohin ich laufen sollte auf diesem unbekannten Flughafen. Keiner verstand mich, da nur Portugiesisch gesprochen wurde, und konnte mir sagen, wo ich hingehen sollte. Ich entschloss mich, zurück zum Zoll zu laufen, denn die Dame, welche mich kontrolliert hatte, sprach Englisch. Ich hatte Glück, sie half mir und zeigte, wo ich hinmusste. So ging am Schluss alles gut und ich war im richtigen Flieger nach Manaus.

In Manaus wurde ich als einzige europäische Touristin auf dem Flughafen von einem Taxifahrer abgeholt mit dem Schild „Thomas Cook – Brunhilde". Das fand ich sehr lustig. Viele beäugten diese fremde blonde Frau! Ich war die einzige Blonde. Der Fahrer nannte mir kurz den Termin zur Abholung vom Hotel für die Schiffsreise auf dem Amazonas. Es sollte der kommende Donnerstag 15.00 Uhr sein.

In meinen Reiseunterlagen, die ich alle sowohl in Leipzig als auch in Rio de Janeiro bekommen hatte, sah ich gar nicht mehr richtig durch. So viele Voucher. Ich gab die Voucher für den Hotelaufenthalt an der Rezeption im Hotel in Manaus ab. Was ich zu diesem Zeitpunkt nicht wusste: Ich gab nicht alle, die notwendig waren.

In dieser traumhaften Hotelanlage Tropical Manaus mit einem kleinen Zoo und riesiger Pool- und Gartenanlage war es wunderschön.

Am Mittwoch, den 23. Januar 2008, kam ich mittags von einem Spaziergang und bekam meine Zimmertür nicht auf. Ich nahm an, dass die Elektronik der Zimmerkarte durch die Hitze Probleme bekommen hatte.

Die Zimmerfrau öffnete mir. Als das gleiche Dilemma nachmittags gegen 14.00 Uhr wieder passierte, erschrak ich gewaltig. War die Abreise einen Tag eher und ich musste 15.00 Uhr zur Abholung zur Schiffsreise?

Da die Rezeption sehr weit entfernt war, entschied ich mich, sofort meinen Koffer zu packen, um den Termin noch zu schaffen. In einer extremen Geschwindigkeit packte ich wahllos meine gesamten Sachen und rannte wie von Sinnen durch die riesige Anlage zur Rezeption. Es war inzwischen kurz vor 15.00 Uhr.

Atemlos an der Rezeption angelangt, fragte ich nach der Abholung zum Schiff für die Reise auf dem Amazonas. Er konnte es mir nicht beantworten und führte sofort ein Telefongespräch mit der Schiffsgesellschaft durch. Es klärte sich alles auf. Der Start war erst am nächsten Tag 15.00 Uhr. Ich hatte nur einen Voucher für die letzte Nacht nicht abgegeben, deshalb war meine Zimmertür automatisch gesperrt worden.

Vorsichtshalber wartete ich gegenüber der Rezeption in der Bierbar noch bis nach 15.00 Uhr und trank auf diesen riesigen Schreck ein Bier. Anschließend checkte ich noch einmal für diese eine Nacht ein und erhielt mein altes Zimmer zurück. Dort stellte ich fest, dass ich bei dem rasanten Kofferpacken nur einen Waschlappen vergessen hatte. Da war ich doch richtig gut gewesen. Den restlichen Tag genoss ich am Pool und in der wunderschönen Hotelanlage.

Am nächsten Tag erschien pünktlich der Abholservice zu meinem Abenteuer auf dem Amazonas. Das

Schiff war toll, ein Fünf-Sterne-Schiff. Superkabine mit Balkon. Wir waren nur etwa siebzig Personen, insgesamt fünf Deutsche und der Rest der Touristen war aus Kanada.

Erst auf dem Schiff erfuhr ich, dass diese Schiffsreise eine völlig andere Amazonasreise war als meine in Leipzig gebuchte! Geordert hatte ich eine Reise auf dem Rio Negro. Meine Reise führte aber zum Rio Solimöes. Trotzdem war alles grandios. Die abenteuerlichen Ausflüge wie Piranhas angeln, wandern im Urwald, Nachtfahrt zu den Kaimanen oder der Schlusshöhepunkt vor Manaus. Der beeindruckende Anblick des Amazonas mit dem Weißwasser und dem Schwarzwasser. Alles ein Traum.

Am Sonntag, den 27. Januar 2008, war Ausschiffung. Ich verließ das Schiff wieder in Manaus und wurde zum Flughafen gebracht. Dort ging es weiter über Brasilia nach Salvador de Bahia. Von dort sollte es am übernächsten Tag zurück nach Deutschland gehen.

Auf dem Flughafen in Brasilia hatte ich eine wunderschöne Begegnung mit einer brasilianischen Familie. Wir verständigten uns mit den Händen und etwas Englisch. Sie begleiteten mich bis zum Abflug meines Flugzeuges. Das war ein unvergessliches Erlebnis. Wir tauschten die E-Mail-Adressen aus. Leider kamen später meine Mails aus Deutschland nicht in Brasilia an.

Von Brasilia flog ich wieder zurück nach Salvador de Bahia. Ich landete nachts auf dem Flughafen. Abgeholt wurde ich von einem Taxi, der Fahrer konnte kein Englisch. Er nannte mir den Namen eines Hotels. Dieser stand aber nicht auf meinem Voucher für Salvador. Ich sagte einen anderen Hotelnamen. Er fuhr aber in das von ihm genannte Hotel. Dort angelangt waren wir falsch. Ich klärte mit dem Rezeptionisten den Namen des richtigen Hotels. Natürlich hatte ich recht! Der Taxifahrer lachte, nahm meinen Koffer und wir fuhren weiter. Gegen zwei Uhr nachts gelangte ich in das richtige Hotel.

Die Abholung für den Abend zum Flug nach Deutschland war noch etwas unklar, das wollte ich aber am Tag abklären. Ich ging in mein Zimmer, hundemüde.

Am Morgen gegen acht Uhr, nach einer kurzen Schlafepisode, suchte ich meine Waschtasche. Wo war sie abgeblieben? Ich hatte sie doch im Bad abgelegt. Erst dadurch stellte ich fest, dass ich in keinem normalen Hotelzimmer untergebracht war, sondern in einer kleinen Villa. Ich hatte zwei Badezimmer, zwei Wohnzimmer, Küche und was weiß ich noch alles für Räumlichkeiten. Das nur für ein paar Stunden Aufenthalt.

Nach dem Frühstück klärte ich vorsichtshalber noch mal die Abholung für den Abend. Vormittags elf Uhr musste ich die Suite verlassen. Ich hielt mich die gesamte Zeit bis zur Abholung am wunderschönen Pool auf. Ein brasilianisches Pärchen sprach mich am Pool an und wollte wissen, aus welchem Land ich sei. Ich war überall eine Exotin.

Die Abholung vom Hotel zum Flughafen in Salvador de Bahia funktionierte reibungslos. Auf dem

Flughafen traf ich alle Teilnehmer unserer Reisegruppe von Rio wieder und wir erzählten unsere Abenteuer. Das war sehr schön. Der Flug nach Deutschland bis nach Leipzig gelang erstaunlicherweise auch ohne irgendwelche Zwischenfälle.

Ich berichtete allen Bekannten von meiner abenteuerlichen Reise. Nach meinen Erzählungen sagte mein Bruder: „Solche Reisen machen nur Irre." Ich habe herzlich darüber gelacht.

An der Tankstelle, an der ich immer noch tätig war, kam es im darauffolgenden Jahr wieder zu Veränderungen. Im September 2009 bekamen wir einen neuen Chef. Unsere bisherige Chefin erhielt infolge irgendwelcher Ungereimtheiten eine Kündigung durch das Tankstellenunternehmen.

Da ich wie schon erwähnt in ihrer Amtszeit in einem verkürzten Arbeitsverhältnis tätig war, hatte ich Glück. Der neue Chef stellte mich wieder Vollzeit ein. Allerdings wurde im Arbeitsvertrag der Stundenlohn verringert und betrug brutto nur noch 6,20 Euro. Ich unterschrieb den Vertrag. Hatte ich eine Wahl? Die Arbeit machte Spaß. Ich brauchte den Nebenjob nicht mehr und hörte dort auf.

Nach und nach wurde es allerdings immer stressiger. Für mich mit meinem Rheuma war das Gift. Aber ich hielt tapfer durch. Ohne Krankschreibungen. Mit den Medikamenten Cortison und MTX und ab und zu einem Zusatzpräparat, wenn es gar nicht mehr ging.

Unser Job wurde zum sogenannten Rollschuhjob. Fast keine Pausen mehr, meist nur die Raucher, den

Toilettengang musste man sich oft verkneifen, nach Feierabend Reinigungsarbeiten durchführen. Zusätzlich im Herbst Laub kehren, im Winter Schneeschieben. Da gab es noch richtige Winter. Durch das neu eingeführte Vier-Schicht-System (Früh-, Mittel-, Spät- und Nachtschicht) verging die Zeit wie im Flug.

Freizeit war sehr knapp, da wir selten zwei zusammenhängende Tage bekamen. Die Urlaubszeit wurde so beschnitten, dass der Chef einfach irgendwann freie Tage in den Dienstplan eintrug, ohne das Wissen des Mitarbeiters, und hinterher wurde behauptet, dass jene die Urlaubstage gewesen wären. Keiner traute sich etwas zu sagen. Diese Arbeitsatmosphäre war wahrlich nicht mehr schön.

Aber ich versuchte so lange wie möglich durchzuhalten. Das war gesundheitlich nicht immer so leicht, da ich mit Nervenblockaden zu kämpfen hatte. So kam es nach der Arbeit öfter vor, dass ich innerhalb kurzer Zeit einen Arm oder ein Bein nur unter wahnsinnigen Schmerzen bewegen konnte. Besonders nach Nachtschichten war das der Fall. Ich nahm dann noch ein zusätzliches Rheuma-Medikament, damit ich zum nächsten Dienstantritt wieder fit war. Sobald ich mich etwas erregte, traten diese Beschwerden auf. Aber Krankschreibungen vermied ich absolut. So war ich!

Im Jahr 2010 unternahm ich wieder ein Fernreiseabenteuer. Diesmal buchte ich eine Reise nach Costa Rica. Am 7. März 2010 begann die siebzehntägige Reise. Neun Tage Rundreise und acht Tage Badeurlaub. Allerdings – wie so oft – hatten sich in meinem Reisegepäck wieder Probleme eingenistet.

Es war der 8. März 2010, der erste Tag in Costa Rica in der Hauptstadt San José. Mein erst wenig genutzter neuer Fotoapparat ging aus unerklärlichen Dingen wieder einmal kaputt. Was tun? Es war nachmittags gegen 15.00 Uhr. Am nächsten Tag sollte es in die Nationalparks gehen. Dort würden wir keinerlei Einkaufscenter sehen.

Ich sprach mit der Rezeption des Hotels. Sie unterbreiteten mir den Vorschlag, mit einem Taxifahrer zu einem Fotogeschäft zu fahren. Gesagt, getan. Natürlich war ich aufgeregt, in einem fremden Land wieder solch ein Dilemma. So vergaß ich in aller Eile, ein Wörterbuch mitzunehmen.

Die Rezeption orderte mir einen Fahrer mit einem kleinen Transporter und wir fuhren gemeinsam los. Geld und Kreditkarten hatte ich in einer sehr schmalen Bauchtasche am Körper. San José war keinesfalls ein ungefährlicher Ort.

Der Taxifahrer fuhr mit mir in ein dunkles Tiefgaragengebäude. Mir wurde es schon etwas mulmig. Was wird das jetzt? Wir stiegen aus, er verschloss sein Auto und wir gelangten in ein Einkaufsareal. Da war ich erleichtert, denn ich hatte doch etwas Angst bekommen mit einem wildfremden Mann in dieser Tiefgarage in Costa Rica. Er versuchte überall einen Fotoladen zu finden – nichts. Wir fuhren weiter.

Dann ging er mit mir in ein Wohnhaus. Wo wollte er mit mir hin? In der zweiten Etage befand sich ein Gebrauchtwarenhändler, aber kein Fotoapparat für mich. Wir liefen weiter kreuz und quer durch die Stadt. Er telefonierte mit verschiedenen Leuten. Wir machten eine weitere Rundfahrt in der Hauptstadt. Irgendwann lief er mit mir verschiedene Straßen entlang und wir gelangten doch tatsächlich zu einem Fotoladen. Dort hatten wir Glück. Es gab einen kleinen Apparat, welcher zu meinen Batterien und der SD-Karte passte. Die Zoom-Größe war zwar gering, aber ich hatte einen Fotoapparat.

Glücklich fuhr ich mit dem Fahrer zurück zum Hotel. Es war bereits kurz nach 18.00 Uhr. Ich fragte nach den Kosten. Er wollte zehn Dollar haben – ich gab ihm zwanzig Dollar. Er war darüber sehr erfreut und ich ihm sehr dankbar. Es war für mich im Nachhinein ein sehr aufregender Tag. Der erste Tag in so einem fremden Land mit einem fremden Mann allein unterwegs.

Wir waren eine prima Reisegruppe mit einem sehr netten Reiseleiter und erlebten einen total spannenden Abenteuerurlaub in den unterschiedlichen Naturschutzgebieten. Auch der anschließende Badeurlaub blieb unvergessen.

Ich war in der Hotelanlage Barceló Playa Tambor untergebracht. Zu diesem Areal gehörte ein kleiner Urwald. Ich ergründete täglich dieses Gebiet. Am Anfang bereiteten mir die Unmassen an Krabben und deren Löcher Angst. Später gewöhnte ich mich daran und wagte mich weiter in das Gebiet. In einem Tümpel begegneten mir Kaimane. Überall entdeckte ich Leguane, verschiedene Vögel, Papageien und Brüllaffen. Selbst ein Waschbär lief an mir vorbei. Ich weiß nicht, wer mehr Angst hatte. Zu den Brüllaffen lief ich täglich und beobachtete sie. Es waren auch Jungtiere dabei.

Am letzten Tag meines Aufenthaltes war ich wieder beim Beobachten. Aber diesmal waren die Geräusche irgendwie anders. Ich spürte, dass mich die Brüllaffen mit ihren Jungtieren entdeckt hatten und als Gefahr ansahen. Sie fingen an über mir in den Büschen des Urwalds zu toben. Das konnte gefährlich werden. Ich war die einzige Urlauberin in diesem Areal. Was tun? Ich musste auf alle Fälle weg. Da ich die kleinen Wege in diesem Areal kannte, wusste ich, dass ich vorsichtig nach hinten zu den Kaimanen und dort entlanglaufen musste. Dort würde ich wieder in Sicherheit sein. Langsam schlich ich mich weg von den Bäumen, in welchen die Brüllaffen tobten. Endlich war ich in Sicherheit. Das hätte ganz schön gefährlich werden können.

Am nächsten Tag trat ich mit unvergesslichen Eindrücken die Heimreise nach Deutschland an.

Im gleichen Jahr hatte ich geplant, etwas für meine Gesundheit zu tun. Mein Plan war, eine Rheuma-Heilkur zu beantragen. Sehr gute Unterstützung fand ich bei meinem Facharzt für Rheumatologie. Im Dezember 2010 erhielt ich einen positiven Bescheid von der Beantragungsstelle. Ich bekam einen Terminvorschlag für den Kurantritt für den Monat März des nachfolgenden Jahres 2011. Damit war ich sehr einverstanden und darüber erfreut.

Allerdings erkrankte ich Ende Januar 2011 an einer sehr schweren Grippeinfektion trotz Grippeschutzimpfung. Ich musste, ob ich wollte oder nicht, zum Hausarzt und wurde krankgeschrieben, da ich hohes Fieber hatte.

Anfang März sollte die Kur beginnen. Mein Chef war sehr verärgert und gab mir das auch zum Ausdruck. Zumal er schon absolut sauer war, dass ich mir erlaubt hatte, eine Kur zu beantragen. Das war mir aber das erste Mal total egal. Ich wollte einmal auch nur an meine Gesundheit denken!

Bis Anfang März war ich wegen der Grippe krankgeschrieben und danach ging es nahtlos für drei Wochen zur Kureinrichtung nach Bad Brambach. Ich bereitete mich natürlich auf vier Wochen Kuraufenthalt vor, da ich wusste, dass viele Patienten noch eine zusätzliche Woche erhielten. Das wollte ich auch ausnutzen.

Die Kuranwendungen taten mir sehr gut, ich genoss alles und bekam auch noch die zusätzliche vierte Woche. Allerdings verschlechterte sich mein Rheuma dort trotzdem. Daran war ich aber sicher selbst etwas schuld. Unüberlegt verringerte ich die Cortison-Dosis, ohne einem Arzt etwas mitzuteilen. Das tat meinem Körper nicht gut und die Entzündungsherde vergrößerten sich. Nach der Kur wurde ich von meinem Facharzt medikamentös wieder richtig eingestellt.

In der Kureinrichtung fanden außer unseren Behandlungen viele interessante Vorträge und Veranstaltungen statt. So hatten wir eine sehr gute Fachberatung von Sozialarbeitern für das Beantragen von Gesundheitsanträgen beim Sozialamt Abteilung

Feststellung Schwerbehinderteneigenschaft. Mir wurde mitgeteilt, dass ich durchaus einen Antrag für die Erhöhung meiner Behinderung einreichen könnte.

Nach Beendigung der Kur und Rückkehr in den Arbeitsprozess im April 2011 stellte ich umgehend diesen Antrag auf Erhöhung des Behinderungsgrades beim Sozialamt. Durch die Verschlechterung meiner gesundheitlichen Probleme mit dem Rheuma standen diese Chancen nicht schlecht. Ich war bereits vorher dreißig Prozent behindert, bedingt durch das Rheuma und einen von Kind an vorhandenen Augenfehler – das rechte Auge besaß nur zehn Prozent Sehkraft.

Anfang Juli bekam ich Post vom Sozialamt mit dem Bescheid, dass der aktuelle Grad der Behinderung nunmehr fünfzig Prozent betrage. Mir war bekannt, dass ich nun einen vorzeitigen Altersrentenbeginn antreten konnte. Allerdings die Altersrente mit Behinderung.

Sofort informierte ich mich über die betreffenden Zeiten. Nach meinen Recherchen konnte ich entsprechend meinem Geburtstag am ehesten per 1. Juli 2012 diese Rente antreten, allerdings mit prozentualem Geldabzug. Für mich stand aber fest, dass ich mit dem Ausstieg aus dem Arbeitsprozess nicht erst bis zum nächsten Jahr warten würde. Ich wollte unbedingt ab November 2011 nicht mehr berufstätig sein. Nicht noch ein Winter an dieser Tankstelle!

Ich plante eine Kündigung für den 1. November 2011, mich danach einige Monate unter die Fittiche des Amtes für Arbeit zu begeben und dann den erstmöglichen Termin für Altersrente mit Behinderung zu beantragen. Da ich die Informationen, wie ich bei dieser geplanten Arbeitsbeendigung vorgehen musste, bei dem Kuraufenthalt erfahren hatte, war es für mich nicht so kompliziert. Das hieß, alles mit Ärzten, dem Arbeitsamt und der Rentenstelle abzuklären. Denn wenn mir ein Fehler unterlaufen würde, bekäme ich in der Zeit meiner Arbeitslosigkeit durch das eigene Kündigen eine längere Zeit eine Geldsperre von diesem Amt. Das wollte ich unbedingt vermeiden.

Ein großer Lichtblick eröffnete sich für mich durch diese Möglichkeit, ohne Stress zu leben und die gesundheitlichen Probleme zu verbessern. Mittlerweile musste ich oft einen Gehstock nutzen, da ich infolge der rheumatischen Schmerzen nur noch humpelnd laufen konnte. Schmerzen hatte ich 24 Stunden lang trotz Medikamente.

Ich klärte alle Formalitäten zuerst mit meinem Facharzt, danach mit dem Amt für Arbeit. Ich setzte mich mit Rechtsanwälten in Verbindung, um abzuklären, ob ich eine Kündigung oder einen Aufhebungsvertrag durchführen sollte. Ich konnte alle anstehenden Probleme lösen. Auf der Rentenberatungsstelle wurde der Renteneintritt für eine Rente mit Behinderung für den 1. Juli 2012 endgültig festgelegt.

Ende September gab ich in meiner Dienststelle eine Kündigung für den 31. Oktober 2011 ab. Im Oktober erhielt ich noch meinen Resturlaub und danach hatte das Amt für Arbeit das Sagen.

Natürlich hätte ich den Termin des Rentenbeginns noch verzögern und wesentlich länger dem Amt für

Arbeit unterstehen können. Aber – ich bekam für 44 geleistete Arbeitsjahre netto 440 Euro monatlich Arbeitslosengeld vom Amt. Ich hatte die letzten knapp achtzehn Jahre an der Tankstelle nie viel verdient. Aus diesem Grund nahm ich die Möglichkeit des erstmöglichen Termins des Renteneintritts an. Der Betrag der monatlichen Altersrente war etwas höher für mich, sodass diese Entscheidung von Vorteil war. Außerdem würde ich dann für immer von diesen Behörden in Ruhe gelassen werden.

Mit dem Tag meiner Kündigung am 1. November 2011 begann mein neues Leben. Ich war wie befreit von einem großen Druck. Jeder Tag wurde wieder lebenswert. Ich musste mich zwar regelmäßig in größeren Abständen im Amt für Arbeit melden, das war aber kein Problem für mich. Geforderte Bewerbungen schrieb ich, aber durch meine Krankheit wollte mich sowieso keiner. Ich bemühte mich auch absolut nicht darum, sondern legte mit dem Krückstock in der Hand meine gesundheitlichen Probleme in den betreffenden Firmen dar. So hatte ich Ruhe. Von Woche zu Woche ging es mir gesundheitlich besser.

Als das Amt für Arbeit im Februar 2012 Kenntnis über meinen Termin des amtlichen Renteneintritts erhielt, verabschiedete es sich terminlich ganz von mir. Ich fühlte mich nun völlig frei für mein neues Leben.

Hurra, ich bin Rentnerin

Am 1. Juli 2012 wurde ich Altersrentnerin mit Schwerbehinderung. Ich genoss es in vielfältigen Richtungen. Meine Gesundheit verbesserte sich sehr. Natürlich muss ich für immer mit der Krankheit Rheuma und den entsprechenden Medikamenten leben. Aber die nervlichen Muskelblockaden verschwanden völlig. Ich benötigte kaum noch eine Gehhilfe. Nur wenn ich größere Reisen unternahm, waren meine Nordic Walking-Stöcke als Sicherheit mit dabei. Bei sehr anstrengenden Wanderungen oder glitschigen Wanderwegen nahm ich zur Vorsicht einen Stock mit. Aber im normalen Leben benötigte ich bald keinerlei Gehhilfen mehr.

Kulturelle Events unterschiedlichster Art traten für mich ins Rampenlicht. Natürlich standen meine Reisewünsche und deren Erfüllung nun noch mehr im Vordergrund. Ich hatte jetzt das gesamte Jahr für mich und meine Reiseziele. Zeitlich konnte ich wesentlich längere Reisen einplanen.

In meinem ersten Rentnerjahr unternahm ich einige kleinere Rundreisen und eine neunzehntägige Reise nach Bulgarien. Das war das erste Mal, dass ich eine so lange Urlaubsreise antreten konnte.

Die Zeit als Rentner verging ständig wie im Flug. Da ich mir viele kulturelle Events organisierte, wurde es nie langweilig. Im Gegenteil, für mich traf und trifft heute noch zu – Rentner haben niemals Zeit. Eine Woche rannte nach der anderen vorbei. Manchmal fände ich es schön, wenn der Tag 48 Stunden hätte.

Für das Jahr 2013 plante ich eine noch etwas längere Reisedauer. Ich dachte an eine Fernreise nach China. Nachdem ich mich über das Internet mit allem für mich Wissenswerten beschäftigt hatte, ging ich zum Reisebüro und legte dort meine konkreten Wünsche dar. So buchte ich eine 21-Tage-Rundreise durch China. Wieder allein in einer fremden Reisegruppe. In der Zeit meiner Berufstätigkeit wäre diese Reisedauer absolut nicht möglich gewesen.

Von Peking sollte es bis Schanghai gehen, mit Flugzeug, Bus und Bahn. Den Beginn dieser hochinteressanten Reise mit Start am 14. April und Abschluss am 4. Mai 2013 erwartete ich mit Spannung.

Da ich bei einigen Reisen von abstrakten Reiseepisoden verschont geblieben war, spekulierte ich schon darauf, dass ich von irgendwelchen Problemen künftig in Ruhe gelassen würde. Dem war aber nicht so. Auch in China zog ich das Missgeschick an.

Wir waren schon einige Tage in dem geschichtsträchtigen Land. Vom 18. zum 19. April 2013 waren wir mit dem Nachtzug unterwegs. Es ging Richtung Xian zu den Besichtigungshallen der Terrakottaarmee. Durch Zugverspätung erreichten wir den Ort nicht planmäßig. Mit einem hektischen Frühstück irgendwo und fast ungewaschen ging es sofort zur Besichtigung der Terrakottaarmee. Das Hotel sollte erst am Abend aufgesucht werden. Welches es war, das wussten wir noch nicht. Es ging sofort zu den Besichtigungsanlagen.

Wir betraten die erste Halle – riesig, hochinteressant. Wir hatten dort etwas Freizeit und erfuhren, zu welcher Zeit wir uns wiedertreffen sollten. Zu meinem Unglück überhörte ich, dass der Treffpunkt auf der gegenüberliegenden Seite in der riesigen Halle sein würde. Ich wartete auf der falschen Seite. Ich sah niemanden mehr aus unserer Reisegruppe. Hektisch rannte ich mehrmals von einer Seite zur anderen. Ich war dem Heulen nahe. Was sollte ich tun? Ich wusste weder, wo die Reisegruppe als Nächstes hingehen würde, noch kannte ich unser Hotel. Die Reiseunterlagen waren alle im Koffer geblieben, da nach der Nachtzugreise alles sehr hektisch abgelaufen war. Eine Telefonnummer des Reiseleiters hatte ich auch nicht. Mir blieb nur eine Lösung – die Deutsche Botschaft anrufen lassen!

So weit kam es zum Glück nicht. Die Reiseteilnehmer hatten den chinesischen Reiseleiter überzeugen können, noch einmal zurück in die vorherige Besichtigungshalle zu gehen, um nach mir zu sehen. Ich war im wahrsten Sinne des Wortes gerettet. So etwas passiert mir hoffentlich nicht noch einmal.

Die letzten Tage unserer Rundreise verbrachten wir in Shanghai und besichtigten „The Bund". Das ist eine lange Uferpromenade am westlichen Ufer des Huangpu-Flusses gegenüber der Sonderwirtschaftszone Pudong mit riesigen Hochhäusern. Ein faszinierender Anblick.

Hier, wie sollte es auch anders sein, stellte sich ein Problem an meinem Fotoapparat ein. So etwas gehörte ja schon über Jahre fast zu mir dazu! Diesmal allerdings nicht zu Beginn einer Reise, sondern am Schluss. Es hatte sich also gewissermaßen schon gebessert.

Der Knopf des Auslösers meines Fotoapparates löste sich und sprang weg. Ich fand ihn inmitten der Tausenden Touristen auf dieser Promenade nicht wieder. Fotografieren wurde zum Problem. Mit einer Idee überlistete ich aber diesen Defekt. Ich klebte über den fehlenden Knopf ein Pflaster und konnte so recht und schlecht die letzten Tage noch fotografieren. Manchmal denke ich mir, Fotoapparate müssen mich nicht besonders lieben! Zumal diese Kameras keine Billigapparate waren.

Die Rundreise durch China war trotz der kleinen Episoden wunderschön, so viele Sehenswürdigkeiten – Wahnsinn! In meinem Wohnzimmer steht übrigens noch ein kleiner Keramiksoldat, eine Nachbildung aus der Terrakottaarmee als Erinnerung für das Missgeschick. Ich hoffe, er bewacht mich für immer!

Gemeinsam mit meinem 27-jährigen Neffen unternahm ich im gleichen Jahr Ende September eine Woche Badeurlaub auf Mallorca in Cala Millor. Wir hatten viel Spaß. Mit Baden, Schnorcheln, interessanten Ausflügen und leckerem Essen und Trinken verbrachten wir einen sehr schönen Kurzurlaub.

Einige Urlauber dachten über uns, mein Neffe wäre mein Sohn. Ich fand diesen Gedanken nicht ganz schlecht. Wir, mein Bruder, seine Frau und mein Neffe, verstehen uns sehr gut und unternehmen öfters etwas gemeinsam. So fahren wir, seit ich nicht mehr berufstätig bin, jährlich im Januar gemeinsam zu einem Kurzurlaub in das Erzgebirge zum Wintersport. Ab und zu hatten wir sogar Schnee zum Skilaufen.

Auch für das Jahr 2014 buchte ich wieder eine Fern-reise. Mich interessierte über Jahre schon das Land Vietnam. Ende Februar bis Anfang März reiste ich für neunzehn Tage in einer Reisegruppe durch Viet-nam. Eine wunderschöne und hochinteressante Rundreise von Hanoi bis Saigon wurde für mich unvergesslich. Erstaunlicherweise ohne irgendwelche Missgeschicke im Reisegepäck. Welch Wunder.

In meiner Heimatstadt unternahm ich kulturell sehr viel. Ich hatte durch meine jahrelange Schichtarbeit vieles nachzuholen. Langeweile kannte ich nicht. So verging das Jahr wieder wie im Flug.

Ich glaube, je älter man wird, desto mehr hat man das Gefühl, dass die Zeit schneller vergeht.

Vor Jahren verbrachte ich einen interessanten Urlaub in der Dominikanischen Republik. In der Hotelanlage nahm ich ab und zu auch an Animationen sportlicher Art teil, wie zum Beispiel am Dartspiel. Dabei lernte ich kurz zwei junge Männer aus Chile kennen. Sie schwärmten sehr für ihr eigenes Land und legten dar, dass es auch in ihrem Land sehr viel Interessantes zu erkunden gebe.

Da ich mir schon seit Mitte des Jahres 2014 überleg-te, wohin im darauffolgenden Jahr meine nächste Fernreise gehen könnte, fiel mir Chile wieder ein. Das Internet half mir bei der Recherche über dieses Land. Nach dem Erlangen vieler Informationen über Land und Leute stand mein Entschluss fest. Ich werde 2015 eine Rundreise durch Chile buchen. In den

Reisekatalogen und im Internet informierte ich mich über die verschiedenen Reiseangebote.

Ich empfand das Reiseunternehmen, mit welchem ich bereits in China und in Vietnam war, als das vom Inhalt der Reiseroute und auch vom Preis her für mich zutreffendste Unternehmen. So buchte ich im Reisebüro eine fünfzehntägige Rundreise durch Chile.

Diese Reise begann am 28. Februar 2015 und endete am 7. März 2015. Die Reiseroute führte vom Norden Chiles in der Atacamawüste bis zum südlichsten Teil des Landes. Die Reisegruppe, in welcher ich integriert war, verstand sich sehr gut. Wir hatten auch einen Superreiseleiter aus Chile.

Ein besonderer Höhepunkt war die Besichtigung der Geysire des Vulkans El Tatio. Dieses Gebiet lag in einer Höhe von zirka 4.500 Metern. Ich buchte diesen Ausflug als fakultative Option schon in Leipzig dazu. Mir war zwar nicht bekannt, ob ich gesundheitlich mit dieser Höhe zurechtkommen würde, aber einen Versuch war es wert. Denn dorthin würde ich in meinem ganzen Leben nicht wieder kommen.

Der Ausflug begann sehr zeitig. In dieser Höhe würden etwa minus sieben Grad herrschen. Unsere fakultative Reisegruppe war zahlenmäßig nicht sehr groß. Einige Touristen mit Bluthochdruck oder anderen gesundheitlichen Problemen verzichteten vorsichtshalber auf diese Tour.

Unser Reiseleiter erklärte während der Hinfahrt, wie wir uns in dieser dünnen Luft verhalten sollten. Als ich aus dem Bus stieg, merkte ich schon die Auswirkungen der Höhe, sicher auch durch meine Blutdruckprobleme. Denn auch ich war damit vorbelastet. Ich lief ganz langsam wie ein Roboter zu den sehenswerten Geysiren. Es war alles etwas mühevoll, auch war mir, als hätte ich Alkohol getrunken. Am Tag vorher hatte ich mir zwar Kokablätter-Bonbons gekauft und diese zu mir genommen, denn sie sollten gegen die Höhenprobleme günstig wirken, aber vielleicht wäre es mir ohne sie noch mieser ergangen. Ich war dabei, das war für mich das Entscheidende – ein unvergessliches Erlebnis.

Wir hielten uns eine längere Zeit in dieser Höhenlage auf. Selbst ein von unserem Reiseleiter organisiertes tolles Frühstück neben den Geysiren durften wir erleben. Das in über 4.000 Metern Höhe!

Wir hatten noch viele andere Touren vor uns, ob im Seengebiet von Chile oder im tiefen Süden von Patagonien.

Ein beeindruckendes Abenteuer erlebten wir im Nationalpark Torres del Paine. Wir hatten das Glück, in diesem Gebiet zwei Tage zu verbringen. Am ersten Tag besichtigten wir mit dem Bus dieses riesige Areal. Allerdings meinte das Wetter es nicht so gut mit uns. Es herrschte ein schrecklicher Sturm, der orkanartige Böen beinhaltete. So etwas hatte ich in meinem Leben noch nie gespürt.

Schon am frühen Morgen, als ich nur eine kleine Runde vor dem Hotel unternehmen wollte, bekam ich die Stärke des Orkans zu spüren. Beim Versuch, die Hoteleingangstür zu öffnen, scheiterte ich. Einen kurzen Moment dachte ich, sie wäre noch verschlossen. Dann erkannte ich die Ursache. Zu zweit kämpften wir gegen den Sturm an, um die Tür zu öffnen. Mein morgendlicher kurzer Trip außerhalb des Hotels währte dadurch nur sehr kurz, da es mich fast wegfegte.

Unsere Rundfahrt im Areal des Nationalparks begann. Es war eine traumhafte Kulisse, wir entdeckten viele Wildtiere. Guanakos und Vikunjas liefen uns oft über den Weg. Das sind Tiergattungen des Lamas. Nandus schauten uns von der Ferne an. Sogar ein Gürteltier lief uns über den Weg.

Bei kurzen Busstopps an den verschiedenen Besichtigungspunkten mussten wir höllisch aufpassen, dass es uns nicht wegwehte. Der Sturm war extrem gewaltig.

Nachmittags begannen wir eine gemeinsame Wanderung zu einem Wasserfall. Der Sturm zeigte sich immer noch von seiner gewaltigen Stärke. Unsere Gruppe marschierte los. Ich nahm vorsichtshalber einen Nordic Walking-Stock mit. Wir kämpften im wahrsten Sinne des Wortes gegen den Orkan an. Plötzlich kam eine so gewaltige Böe, dass es mich fast weggeweht hätte. Ich klammerte mich mit aller Kraft an meinen Stock und kämpfte gegen den Sturm. Hinter mir sah ich, dass eine Reiseteilnehmerin Schaden erlitten hatte. Der Sturm hatte sie weggefegt und sie lag am Erdboden. Der Reiseleiter und ein weiteres Mitglied unserer Reisegruppe halfen ihr und stützten sie, bis sie an unserem Reisebus Schutz suchen konnte. Auch ich brach diese lebensgefährliche Wanderung sofort ab und brachte mich im Bus in Sicherheit. Selbst dort hatte man Angst, denn dieser wurde vom Sturm durchgeschüttelt.

Das Resultat dieser Wanderung waren drei Verletzte aus unserer Gruppe. Von einer Nachbargruppe erfuhren wir, dass eine Frau durch diesen Orkan weggeschleudert worden war und beide Handgelenke gebrochen hatte.

Am nachfolgenden Tag hatte sich der Orkan zum Glück beruhigt. Es war geplant, eine Schifffahrt auf dem Lake Grey zu dem gewaltigen Eisgletscher des Nationalparks zu unternehmen. Ich hatte schon in Deutschland an die Möglichkeit gedacht, solch eine Tour mitzumachen. Ich wollte unbedingt den Glaciar Grey aus nächster Nähe bestaunen. Wir waren nur einige unserer Reisegruppe, welche diesen Ausflug zusätzlich orderten. Das war ein fantastisches Erlebnis. Schon allein während der Bootsfahrt auf dem Lake Grey zu dem Glacier Grey sahen wir Eisberge in unzähligen fantasiereichen Gestaltungen mit den unterschiedlichsten Blaufärbungen schwimmen. Ein atemberaubendes Erlebnis für mich.

Unsere Rundreise endete fast am südlichsten Zipfel von Chile. Dort entdeckten wir in der Ferne die berühmte Magellanstraße und Feuerland.

Mit beeindruckenden Reiseeindrücken im Gepäck ging es wieder zurück nach Deutschland. Unser Flug von Santiago de Chile erfolgte via Madrid. Dort hatte ich wieder typisch für mich ein Erlebnis der besonderen Art.

Wir mussten das Flugzeug verlassen, um später nach irgendwelchen notwendigen Wartungsarbeiten wieder an Bord zu kommen. Das hieß für die Passagiere, auf dem Flughafen über viele Wege wieder zum

Flugzeug zu gelangen. Da ich bei dem Rückflug wieder auf mich gestellt war, denn die Reisegruppe hatte sich durch Anschlussreisen bereits aufgelöst, ließ ich mir an einem Infopunkt vorsichtshalber das genaue Gate für den Weiterflug aufschreiben.

Ich musste über viele Wege zu Fuß und mit einer Bahn zu dem Gate. Der Flughafen in Madrid war riesig. Als ich am betreffenden Gate anlangte, wurde mir erklärt, dass ich falsch sei. Ich lief weite Strecken zum nächsten Gate und wurde wieder kontrolliert. Auch dort war ich falsch. Wo musste ich wirklich hin? Ich wusste es nicht.

Den Tränen nahe ging ich wieder zu einem Info-stand. Man nannte mir die nächste Variante. Das sollte die richtige sein. Die Zeit verrann. Hoffentlich kam ich noch pünktlich zum Flugzeug.

An einer Sperre wollte man mich nicht durchlassen. Man versperrte mir den Weg. Resolut bat ich das Flughafenpersonal um Hilfe, endlich ließ man mich nach mehreren Kontrollen durch. Danach war wieder eine Bahnfahrt notwendig, um zu dem nun hoffent-lich richtigen Gate zu fahren.

Ich entdeckte den Zug, der gerade in Begriff war abzufahren. Im Dauerlauf rannte ich hin und schaffte es gerade noch. Völlig fix und fertig entdeckte ich in diesem Abteil ein deutsches Ehepaar, welches eben-falls ziemlich k. o. aussah. Ich sprach sie an und fand heraus, dass es ihnen genauso ergangen war wie mir. Auch sie hatten diese falsche Gate-Nummer erhalten.

Nach Ankunft der Bahn rannten wir gemeinsam zum Gate und hatten ernsthafte Sorgen, dass das

Flugzeug schon gestartet war. Von Weitem sah ich Flughafenpersonal stehen. Das Flugzeug wartete noch. Ich war glücklich, dass ich diese Odyssee gut überstanden hatte und wohlbehalten wieder in Deutschland landen würde.

Ich erlebte wieder einmal Episoden, die meine Urlaubserinnerungen umso nachhaltiger festhalten. Ich bin mir sicher, ohne solche kleinen Missgeschicke wäre ein Urlaub viel zu langweilig.

Mittlerweile bin ich 64 Jahre alt. Ich plane gedanklich schon wieder einige Reisen für die nächsten Jahre. So möchte ich unbedingt baldigst eine Rundreise durch Kanada erleben. Aber wir werden sehen.

Ich genieße in einer positiven Lebensart mein Dasein. Kulturelle Events, die ich jahrzehntelang nicht genießen konnte, stehen im Vordergrund, ob Fotoshows, Buchlesungen, Theaterbesuche, Abende mit Musikshows und Songwritern, Seniorentanzkurse, Nordic Walking, Schwimmen, Englischkurse in der VHS, Treffen mit Freunden, Arbeiten in meinem Schrebergarten. Das Allerwichtigste sind natürlich meine Reisen. Kurz- und Fernreisen und die im Anschluss gestalteten Fotoshows auf DVD.

Langeweile ist und wird hoffentlich eine sehr lange Zeit ein Fremdwort für mich bleiben. Das stete Älterwerden wird sicher zu systematischen Abstrichen führen. Ich gehe aber optimistisch heran in der Hoffnung, dass das Schicksal es noch lange mit mir gut meint.

Den zahlreichen Problemen, die meinen Lebensweg stets begleiteten, stehe ich positiv gegenüber. Treffender kann das Zitat von Friedrich Wilhelm Nietzsche nicht sein: „Was mich nicht umbringt, macht mich stärker!"